LE THÉÂTRE OU LE FRANÇAIS MIS EN SCÈNE

Marie-Dominique Porée

ÉDITIONS
GARNIER

THÉÂTRE, VOUS AVEZ DIT THÉÂTRE ?

Des théâtres, il en existe de toutes sortes : théâtre de rue, de boulevard, de marionnettes, d'ombres, codifié ou non, public ou privé, de répertoire ou d'improvisation, antique, classique, romantique, contemporain, musical ou filmé, d'ici et d'ailleurs, d'hier et d'aujourd'hui. Bref, le théâtre est un universel, « un éternel éphémère » pour reprendre les mots du metteur en scène Daniel Mesguish.

Mais qu'est-ce qu'un théâtre ? Qu'est-ce que le théâtre ? Alors que le terme est pluriel dans ses manifestations, l'origine grecque du mot est unique et simple : *thea* signifie le regard, la vue, l'action de regarder. De là, le *theatron* devient le lieu tout naturellement préposé au rassemblement de spectateurs qui se retrouvent en un même lieu, un jour J, pour regarder un « spectacle » (*spectare* en latin et *theaomai* en grec, « contempler »). Le théâtre est donc le lieu où l'on regarde et d'où l'on regarde. On peut même dire que tout surgissement visuel, comme ce fut le cas en 2007 à Nantes — il s'agissait en l'occurrence d'un gigantesque pachyderme mécanique bloquant toute la circulation, — appelant le regard en pleine rue, est déjà une forme de théâtre improvisé. Mais peut-on raisonnablement parler d'« improvisation » pour un éléphant géant de 48 tonnes, dont la construction a pris du temps ? Il cohabite maintenant aux côtés d'une fourmi géante, dans l'espace d'exposition et d'animation situé dans la nef des anciens chantiers, appelé « Les Machines de l'île ».

Plaisir de regarder certes, mais d'écouter aussi et surtout, car le théâtre reste le plus souvent un texte écrit (qui se donne à entendre) par un auteur qui sollicite notre intérêt sur ce qui a lieu sur scène, ce qui se (s'y) passe. Le mot même de « drame » remonte à la racine grecque du verbe *drao*, « agir ». C'est ce qui est agi, fait, « joué », dit-on en français, ce même verbe *jouer* étant traduit en anglais par *to act*. Les mots français *acteurs*, *actes*, *schéma actanciel*, viennent du latin *ago*, j'agis.

Le théâtre, terme polysémique, désigne donc à la fois un lieu au sein duquel les spectateurs regardent les acteurs (construction, édifice), la mise en œuvre d'une représentation, un genre littéraire qui s'est imposé à cette occasion par opposition à d'autres genres tels la poésie ou le roman, et même l'ensemble de toutes ces données.

Je vais au *théâtre* assister à un spectacle de *théâtre* où est représentée une pièce de *théâtre*. Tout en un ! à l'image de cette grande famille qui inclut acteurs, directeurs, metteurs en scène, régisseurs, techniciens… et surtout le public pour qui a lieu cet échange « entre un texte et un spectacle, des comédiens et un metteur en scène, une scène et une salle, un théâtre et une société », comme le dit si bien le critique littéraire Bernard Dort.

Une pièce de théâtre est un texte qui ne demande qu'à être joué, comme une partition de musique dont les acteurs sont les interprètes, l'auteur, le compositeur, et le metteur en scène, le chef d'orchestre. Toute œuvre — et c'est cela la magie de l'acte théâtral — est une double création : l'écriture et la représentation qui en est faite puis offerte au public.

Dans ce livre, c'est le théâtre comme texte écrit qui suscite notre intérêt : une œuvre produite avec des mots, écrits comme ceci ou comme cela, dans une langue donnée, avec un vocabulaire de tel ou tel registre, sur un mode triste ou gai, en vers ou en prose, sur tel ou tel thème universel, pour toucher le plus grand nombre.

Lumière donc sur les grands auteurs qui, chacun à leur façon, ont écrit des pages de l'histoire de notre théâtre national, chacun dans leur langue, la langue de leur époque sujette aux règles et codes de leur temps. Genre noble dès l'origine, au même titre que la poésie, le théâtre s'est écrit en vers, avant de se démocratiser et de se donner en prose. Et encore quand on dit « vers », il convient de préciser : parle-t-on de vers à huit, dix ou douze pieds ? Sans compter qu'un certain Victor Hugo a voulu « déniaiser » celui qui faisait référence en la matière, l'alexandrin, vers d'excellence du XVIIe siècle !

Le niveau de langue utilisé, de soutenu, voire châtié qu'il était, est devenu souvent familier, relâché. Tout cela pour rendre le théâtre plus accessible à tous et le faire descendre de son piédestal. Nombreux ont été les ajustements au fil du temps. Les explications appelées « didascalies », qui, dès l'Antiquité, jouaient le rôle d'informations pour le public, ont connu un essor tel que parfois, le texte en vient presque à disparaître, laissé comme en jachère. De grands auteurs modernes en ont pourtant fait, et avec succès, leur marque de fabrique, surtout au XXe siècle.

Mais n'est-ce pas encore plus inquiétant quand le texte même s'étiole, s'essouffle de son seul fait ? Un non-texte saurait-il être viable sur une scène de théâtre ? Il faut croire que oui. Néanmoins, on peut se prendre à regretter tout le travail sur la langue que de grands auteurs des siècles passés se sont imposé : j'entends par là les jeux de mots, les mots mis pour d'autres, les créations le plus souvent comiques, en tout cas toujours pittoresques et expressives, le double langage dans d'autres circonstances, etc.

Le corpus d'extraits retenu dans les pages qui suivent se veut un éventail de toutes les possibilités langagières avec lesquelles les auteurs ont su jouer, la langue restant toujours le terreau premier de l'œuvre, le moyen par lequel le message, sous n'importe quelle forme, passe et surtout reste… Tour à tour, la langue française est à elle-même l'objet du propos théâtral ou son instrument.

Des stances de Corneille aux versets claudéliens, sans oublier la prose incisive d'un Beaumarchais, l'écriture s'imprime, suscitant parfois des réécritures toujours innovantes. Le théâtre antique, qu'il soit grec ou latin, n'a pas manqué d'inspirer nos plus grands dramaturges. Eschyle, Euripide, Sophocle, Sénèque, côté cour (tragédie), Aristophane, Plaute ou Térence, côté jardin (comédie), ont trouvé bien des échos dans le théâtre français du siècle classique comme du XXe siècle. Et les passages de relais ont toujours renouvelé la matrice originelle, prouvant que la langue, *theatrum mundi* en elle-même, s'adapte plutôt bien aux aléas du temps.

Permettez-moi pour finir de livrer à votre sagacité cette charade de Victor Hugo : « Quand je rentre de mon tout, j'aime bien boire mon premier au coin de mon second. » En effet, pour le *thé-âtre*, comme pour tout, ce n'est qu'une question de… goût ! Et la langue, vous vous en doutez, y est tout sauf accessoire. Que le rideau se lève sur ces « paroles de théâtre » !

CORNEILLE ET LES STANCES DU *CID*

Pierre Corneille (1606-1684) écrit en son temps, c'est-à-dire au XVIIe siècle, pour une génération forte, ardente et volontaire, ayant le culte de l'énergie et de l'audace. Tel sera l'idéal de ses héros, tous plus généreux les uns que les autres.

Le Cid, alias le Caïd en 1636, sans conteste son chef-d'œuvre, met en scène le héros Don Rodrigue, fils d'une famille noble, amené à venger son père Don Diègue, qui a été souffleté par Don Gormas, le père de celle qu'il [= Rodrigue] aime, Chimène.

> Contre mon propre honneur mon amour s'intéresse

À lui seul, ce vers de l'acte I scène VII résume le choix déchirant que le jeune et valeureux noble de la cour d'Espagne va devoir faire entre sauver l'honneur de sa famille ou conserver l'amour de sa bien-aimée. Pareil choix impossible est depuis cette pièce communément appelé « dilemme cornélien ». Le personnage, pris entre deux propositions contraires ou contradictoires, mène en lui-même un débat intérieur pour résoudre le conflit entre les deux systèmes de valeurs qui le tiraillent. Cette lutte incessante entre l'amour et le devoir occupe son esprit et l'oblige à se dépasser.

Corneille a choisi dans l'extrait retenu une forme poétique expressive, seule à même de rendre la torture intérieure du héros. L'émotion culmine et pour casser l'uniformité du rythme classique, le dramaturge introduit un passage plus lyrique, nommé les « stances », dont certains théoriciens du Grand Siècle se défiaient pourtant au nom de la vraisemblance. Corneille y renoncera lui-même plus tard.

Ces stances constituent en effet des pauses dans le cours de l'action dramatique, des reprises, au sens étymologique, des *stasima* antiques (du verbe *istèmi* voulant dire « se tenir debout »), qui correspondaient aux moments d'expression du chœur. Celles du *Cid* n'auront d'égal que celles de *Polyeucte* du même auteur (acte IV, scène II). Ces moments d'arrêt permettent au héros d'y voir clair dans son cœur après une délibération sur des péripéties antérieures.

Corneille, *Le Cid*, acte I, scène VII

Percé jusques au fond du cœur
D'une atteinte imprévue aussi bien que mortelle,
Misérable vengeur d'une juste querelle,
Et malheureux objet d'une injuste rigueur,
Je demeure immobile, et mon âme abattue
Cède au coup qui me tue.
Si près de voir mon feu récompensé,
Ô Dieu ! L'étrange peine !
En cet affront mon père est l'offensé,
Et l'offenseur le père de Chimène !

Que je sens de rudes combats !
Contre mon propre honneur mon amour s'intéresse :
Il faut venger un père, et perdre une maîtresse ;
L'un m'anime le cœur, l'autre tient mon bras.
Réduit au triste choix, ou de trahir ma flamme,
Ou de vivre en infâme,
Des deux côtés mon mal est infini.
Ô Dieu ! L'étrange peine !
Faut-il laisser un affront impuni ?
Faut-il punir le père de Chimène ?

Père, maîtresse, honneur, amour,
Noble et dure contrainte, aimable tyrannie,
Tous mes plaisirs sont morts, ou ma gloire ternie :
L'un me rend malheureux, l'autre indigne du jour.
Cher et cruel espoir d'une âme généreuse,
Mais ensemble amoureuse,
Digne ennemi de mon plus grand bonheur,
Fer, qui causes ma peine,
M'es-tu donné pour venger mon honneur ?
M'es-tu donné pour perdre ma Chimène ?

Il vaut mieux courir au trépas ;
Je dois à ma maîtresse aussi bien qu'à mon père :
J'attire en me vengeant sa haine et sa colère,
J'attire ses mépris en ne me vengeant pas.

À mon plus doux espoir l'un me rend infidèle,
Et l'autre indigne d'elle;
Mon mal augmente à le vouloir guérir,
Tout redouble ma peine :
Allons, mon âme, et, puisqu'il faut mourir,
Mourons du moins sans offenser Chimène.

Mourir sans tirer ma raison!
Rechercher un trépas si mortel à ma gloire!
Endurer que l'Espagne impute à ma mémoire
D'avoir mal soutenu l'honneur de ma maison!
Respecter un amour dont mon âme égarée
Voit la perte assurée!
N'écoutons plus ce penser suborneur
Qui ne sert qu'à ma peine :
Allons, mon bras, sauvons du moins l'honneur,
Puisqu'après tout il faut perdre Chimène.

Oui, mon esprit s'était déçu :
Je dois tout à mon père avant qu'à ma maîtresse;
Que je meure au combat, ou meure de tristesse,
Je rendrai mon sang pur, comme je l'ai reçu,
Je m'accuse déjà de trop de négligence.
Courons à la vengeance,
Et tout honteux d'avoir tant balancé,
Ne soyons plus en peine
Puisqu'aujourd'hui mon père est l'offensé,
Si l'offenseur est père de Chimène.

Corneille a composé six strophes aux vers variés : hexasyllabes (6), octosyllabes (8), décasyllabes (10) et alexandrins (12) cisèlent tour à tour les propos du protagoniste et lui confèrent sa sublime mélodie en même temps que sa respiration haletante. Certains finissent même par ressembler à des sentences. À chaque fois, les vers les plus courts correspondent à l'expression d'une émotion intense tandis que les plus longs servent au développement du raisonnement. Cette alternance donne un rythme binaire et cadencé à l'ensemble de ce monologue délibératif. Nombreuses sont les antithèses (juste/injuste, etc.), les effets de balancement (l'un… l'autre, etc.), les anaphores (faut-il…), sans oublier

la série de questions oratoires qui permettent au héros, de victime qu'il est au début du passage, de devenir acteur de sa destinée.

Le chiasme des deux vers suivants :

> J'attire en me vengeant sa haine et sa colère,
> J'attire ses mépris en ne me vengeant pas

finit de montrer le héros en butte à un vrai déchirement. Les rimes récurrentes entre « peine » et « Chimène » forment un refrain lancinant. Mais Rodrigue opte pour le sacrifice et l'abnégation, que viennent illustrer de nombreux oxymores comme « aimable tyrannie » ou « cher et cruel espoir ».

Enfin, on pourra noter que l'effet graphique produit par ces stances à l'écrit rend compte à lui seul du tiraillement intérieur qui forge le caractère du héros et force notre admiration à son adresse.

QUAND LA LANGUE CHERCHE À « FAIRE STYLE »

S'il est, dans la comédie-ballet de Molière (1622-1673), *Le Bourgeois gentilhomme*, un extrait connu de tout un chacun, c'est bien le cours de philosophie adressé à Monsieur Jourdain, celui qui faisait « de la prose sans le savoir ». À l'acte II, scène IV, ce personnage cherche à faire passer un message à une destinataire dont il est épris. Autrement dit, il veut utiliser le langage comme outil de communication et, surtout, de persuasion. Il veut « faire staïle », dirait-on à présent dans les cours d'école. Et le maître de philosophie de tenter d'améliorer son expression première en lui donnant un tour de plus en plus galant, au moyen de divers artifices de la langue... Mais en vain, car force est de constater que rien ne vaut la simplicité et le naturel. Pour reprendre les termes que La Bruyère adresse à Acis, le beau parleur vaniteux des *Caractères*, « est-ce un si grand mal d'être entendu quand on parle et de parler comme tout le monde » ?

Molière, *Le Bourgeois gentilhomme*, acte II, scène IV

Monsieur Jourdain.
Par ma foi ! il y a plus de quarante ans que je dis de la prose sans que j'en susse rien ; et je vous suis le plus obligé du monde de m'avoir appris cela. Je voudrais donc lui mettre dans un billet : *Belle Marquise, vos beaux yeux me font mourir d'amour* ; mais je voudrais que cela fût mis d'une manière galante, que cela fût tourné gentiment.

Maître de philosophie.
Mettre que les feux de ses yeux réduisent votre cœur en cendres ; que vous souffrez nuit et jour pour elle les violences d'un...

Monsieur Jourdain.
Non, non, non, je ne veux point tout cela ; je ne veux que ce que je vous ai dit : *Belle Marquise, vos beaux yeux me font mourir d'amour*.

Maître de philosophie.
Il faut bien étendre un peu la chose.

Monsieur Jourdain.
Non, vous dis-je, je ne veux que ces seules paroles-là dans le billet ; mais tournées à la mode, bien arrangées comme il faut. Je vous prie de me dire un peu, pour voir, les diverses manières dont on les peut mettre.

Maître de philosophie.
On les peut mettre premièrement comme vous avez dit. *Belle Marquise, vos beaux yeux me font mourir d'amour*. Ou bien : *D'amour mourir me font, belle Marquise, vos beaux yeux*. Ou bien : *Vos yeux beaux d'amour me font, belle Marquise, mourir*. Ou bien : *Mourir vos beaux yeux, belle Marquise, d'amour me font*. Ou bien : *Me font vos yeux beaux mourir, belle Marquise, d'amour.*

Monsieur Jourdain.
Mais de toutes ces façons-là, laquelle est la meilleure ?

Maître de philosophie.
Celle que vous avez dite : *Belle Marquise, vos beaux yeux me font mourir d'amour*.

Monsieur Jourdain.
Cependant je n'ai point étudié, et j'ai fait cela tout du premier coup. Je vous remercie de tout mon cœur, et vous prie de venir demain de bonne heure.

Maître de philosophie.
Je n'y manquerai pas.

Cette leçon de style de Monsieur Jourdain est une plaisante mise en bouche pour qui prétend s'occuper du style et de ses figures. Pour commencer, on reconnaîtra dans cet échange :

- une métaphore dans « les feux de ses yeux »,
- une hyperbole dans « vous souffrez nuit et jour »,
- un kakemphaton (sorte de calembour malheureux et involontaire) dans « sans que j'en susse rien »,

- une amplification quand le maître de philosophie propose « d'étendre un peu » plus le sujet, etc.

Puis on notera sans mal un usage tout particulier des inversions. Car pour déclarer sa flamme, trouver les mots pour le dire n'est rien si on ne sait pas les disposer dans le meilleur ordre possible. Malherbe, en son temps déjà, avait tout dit et tout compris, selon Boileau (*Art poétique*, I) : « D'un mot mis en sa place enseigna le pouvoir. » Il y aurait comme un ordre naturel correspondant à la fonction des mots dans la phrase selon la place qu'ils occupent. Ainsi, dans une phrase quelconque, le sujet précède généralement le verbe, tandis que le ou les compléments sont placés après celui-ci. Dès lors toute inversion répond à un besoin de mettre un mot plus en valeur qu'un autre, ou tout simplement de varier l'expression.

Mais au terme de cet essai, fort sagement, Monsieur Jourdain en revient à la première formulation qui était, à n'en pas douter, la plus directe et la plus simple. Ne sait-on pas, au moins depuis Boileau (*ibid.*), que « ce que l'on conçoit bien s'énonce clairement » ? Pourtant en chacun de nous sommeille un peu de ce Monsieur Jourdain qui cherche à donner à ses propos un effet plus expressif que celui de l'usage ordinaire de la langue. Comme si une phrase était une pâte à modeler…

QUAND LE THÉÂTRE SE MÊLE DE NOUS DONNER UN COURS DE GRAMMAIRE

Dès 1659, Molière avait commencé à s'attaquer à un sujet d'actualité, la préciosité. Dans sa première pièce publiée, *Les Précieuses ridicules*, il brossait le portrait de deux jeunes provinciales, Cathos et Magdelon, qui se targuaient d'être des précieuses, bien ridicules à ses yeux. Avec *Les Femmes savantes*, pièce en cinq actes et en vers, le dramaturge propose en 1672 une réflexion plus grave encore sur la part de savoir qu'il convient de donner aux femmes et sur les excès d'un pédantisme inutile. Le titre même de *Femmes savantes* n'est-il pas à la limite de l'oxymore, tant l'association des deux termes peut paraître contradictoire à l'époque ?

La langue française est utilisée dans l'extrait choisi comme support d'une scène amusante, une leçon de grammaire inadaptée au personnage à qui s'adresse la leçon (en l'occurrence, la servante, Martine). Le comique naît du contraste entre les niveaux de langage et de compréhension des différentes interlocutrices.

Molière, *Les Femmes savantes*, acte II, scène VI

Chrysale.
Qu'est-ce à dire ? L'affaire est donc considérable ?

Philaminte.
Sans doute. Me voit-on femme déraisonnable ?

Chrysale.
Est-ce qu'elle a laissé, d'un esprit négligent,
Dérober quelques aiguière ou quelque plat d'argent ?

Philaminte.
Cela ne serait rien.

Chrysale.
Oh, oh! Peste, la belle!
Quoi? L'avez-vous surprise à n'être pas fidèle?

Philaminte.
C'est pis que tout cela.

Chrysale.
Pis que tout cela?

Philaminte.
Pis.

Chrysale.
Comment diantre, friponne! Euh? A-t-elle commis...

Philaminte.
Elle a, d'une insolence à nulle autre pareille,
Après trente leçons, insulté mon oreille
Par l'impropriété d'un mot sauvage et bas,
Qu'en termes décisifs condamne Vaugelas.

Chrysale.
Est-ce là...

Philaminte.
Quoi? Toujours, malgré nos remontrances,
Heurter le fondement de toutes les sciences,
La grammaire, qui sait régenter jusqu'aux rois,
Et les fait la main haute obéir à ses lois?

Chrysale.
Du plus grand des forfaits je la croyais coupable.

Philaminte.
Quoi? Vous ne trouvez pas ce crime impardonnable?

Chrysale.
Si fait.

Philaminte.

Je voudrais bien que vous l'excusassiez.

Chrysale.

Je n'ai garde.

Philaminte.

Il est vrai que ce sont des pitiés.
Toute construction est par elle détruite,
Et des lois du langage on l'a cent fois instruite.

Martine.

Tout ce que vous prêchez est, je crois, bel et bon :
Mais je ne saurais, moi, parler votre jargon.

Philaminte.

L'impudente ! Appeler un jargon le langage
Fondé sur la raison et sur le bel usage !

Martine.

Quand on se fait entendre, on parle toujours bien,
Et tous vos biaux dictons se servent pas de rien.

Philaminte.

Hé bien ! Ne voilà pas encore de son style !
Ne servent pas de rien !

Bélise.

Ô cervelle indocile !
Faut-il qu'avec les soins qu'on prend incessamment
On ne puisse apprendre à parler congrûment ?
De pas mis avec rien tu fais la récidive,
Et c'est, comme on t'a dit, trop d'une négative.

Martine.

Mon Dieu ! Je n'avons pas etugué comme vous,
Et je parlons tout droit comme on parle cheux nous.

Philaminte.

Ah ! Peut-on y tenir ?

Bélise.

Quel solécisme horrible !

Philaminte.
En voilà pour tuer une oreille sensible.

Bélise.
Ton esprit, je l'avoue, est bien matériel.
Je n'est qu'un singulier, avons est pluriel.
Veux-tu toute ta vie offenser la grammaire ?

Martine.
Qui parle d'offenser grand-mère ni grand-père ?

Philaminte.
Ô Ciel !

Bélise.
Grammaire est prise à contresens par toi,
Et je t'ai déjà dit d'où vient ce mot.

Martine.
Ma foi !
Qu'il vienne de Chaillot, d'Auteuil, ou de Pontoise,
Cela ne me fait rien.

Bélise.
Quelle âme villageoise !
La grammaire, du verbe et du nominatif,
Comme de l'adjectif avec le substantif,
Nous enseigne les lois.

Martine.
J'ai, Madame, à vous dire
Que je ne connais point ces gens-là.

Philaminte.
Quel martyre !

Bélise.
Ce sont les noms des mots et l'on doit regarder
En quoi c'est qu'il les faut faire ensemble accorder.

Martine.
Qu'ils s'accordent entre eux ou se gourment, qu'importe ?

Philaminte, *à sa sœur*.
Eh, mon Dieu ! Finissez un discours de la sorte.
À son mari.
Vous ne voulez pas, vous, me la faire sortir ?

Chrysale.
Si fait. À son caprice il me faut consentir.
Va, ne l'irrite point : retire-toi, Martine.

Philaminte.
Comment ? Vous avez peur d'offenser la coquine ?
Vous lui parlez d'un ton tout à fait obligeant ?

Chrysale.
Moi ? Point. Allons, sortez. *Bas.* Va-t-en, ma pauvre enfant.

Philaminte et Bélise, disciples néophytes du grammairien en vogue Vaugelas, toutes deux entichées de science et de savoir universels, s'en prennent avec véhémence à l'ignorance crasse de leur servante, dont elles font leur souffre-douleur. Elles se liguent contre celle qui revendique pour seule défense simplicité et naturel de l'expression (et à qui Molière donne raison, même si elle détone quelque peu dans cet univers cultivé). Martine ira même jusqu'à se faire l'avocate de la cause de l'ignorance contre celle d'un savoir abusif et intolérant. Fi en effet de sa méconnaissance des termes techniques, de ses fautes élémentaires d'accord entre singulier et pluriel, ou de son usage incorrect de la négation : pour elle, le langage a pour première fonction de permettre la communication.

On remarquera que toute la terminologie grammaticale est ici au rendez-vous. On parle de catégories de langue (« substantif » ou « verbe », etc.) ; de nombres, singulier et pluriel ; d'erreur fatidique, autrement dit le « solécisme » de Martine, fait répréhensible pour des puristes, crime aux yeux de la loi de la langue ; de jargon ou patois ; d'un niveau bien prosaïque ; de confusion totale entre nom commun et nom propre ; sans oublier le sens propre et figuré des mots. Bref, on parle dans cette scène de tout ce qu'il ne faut pas faire ou dire quand on se targue de respecter la langue française ! De quoi, même sans le vouloir, offenser la « gram-maire », paronyme de *grand-mère*, si l'on s'en tient à la prononciation de l'époque ? Car la grammaire est bien la meilleure garante de la langue, elle qui procure des règles pour une compréhension et une correction communes. Et celles de Vaugelas, maître de l'époque, n'étaient-elles pas les meilleures qui soient ?

LE COMIQUE DE MOTS MOLIÉRESQUE

Dans *L'Illusion comique* (acte V, scène v), Corneille, en présentant le genre comique comme

> Le divertissement le plus doux de nos princes,
> Les délices du peuple, et le plaisir des grands :
> Il tient le premier rang parmi leurs passe-temps

est bien loin de croire que « le socque est inférieur au cothurne », comme Fénelon le laissait entendre dans sa *Lettre sur les occupations de l'Académie françoise* (1716).

Molière a lui aussi défendu la comédie contre ceux qui ne voulaient voir en elle qu'un genre mineur. Et avec quelle maestria ! « C'est une étrange entreprise que celle de faire rire les honnêtes gens », disait-il dans *La Critique de l'École des femmes*, reprenant le point de vue du comique grec Aristophane pour qui « faire jouer une comédie » était « la chose la plus difficile au monde » (*Les Cavaliers*, Adresse aux spectateurs).

Molière n'a pas été en manque d'inspiration. Tous les moyens lui ont été bons pour parvenir à faire autant rire parterre et poulailler. Les diverses cordes du comique se retrouvent dans ses pièces : comique de situation, de gestes et plus encore de mots, comme le montrent les divers extraits présentés ci-dessous.

La création de mots

Dans cet extrait du *Tartuffe* (acte II, scène iii), le comique de langage se présente sous bien des formes. À commencer par le comique de création de mots. Entre autres exemples, le néologisme forgé par la servante Dorine à l'adresse de sa maîtresse Mariane (selon l'orthographe de l'époque) au terme d'une âpre discussion pour essayer, tout en faisant mine d'abonder dans son sens, de lui ouvrir les yeux sur l'hypocrisie de Tartuffe et le mauvais parti qu'il représente pour elle.

Dorine.
Non, non, je ne veux rien. Je vois que vous voulez
Être à Monsieur Tartuffe; et j'aurais, quand j'y pense,
Tort de vous détourner d'une telle alliance [...]
Vous vivrez trop contente avec un tel mari.

Mariane.
Mon Dieu!

Dorine.
Quelle allégresse aurez-vous dans votre âme,
Quand d'un époux si beau vous vous verrez la femme!

Mariane.
Ha! cesse, je te prie, un semblable discours,
Et contre cet hymen ouvre-moi du secours.
C'en est fait, je me rends, et suis prête à tout faire.

Dorine.
Non, il faut qu'une fille obéisse à son père,
Voulût-il lui donner un singe pour époux.
Votre sort est fort beau : de quoi vous plaignez-vous?
[...]

Mariane.
Ah! tu me fais mourir.
De tes conseils plutôt songe à me secourir.

Dorine.
Je suis votre servante.

Mariane.
Eh! Dorine, de grâce.

Dorine.
Il faut, pour vous punir, que cette affaire passe.

Mariane.
Ma pauvre fille!

Dorine.

Non.

Mariane.

Si mes vœux déclarés...

Dorine.
Point : Tartuffe est votre homme, et vous en tâterez.

Mariane.
Tu sais qu'à toi toujours je me suis confiée :
Fais-moi...

Dorine.

Non, vous serez, ma foi ! **tartuffiée.**

La demande absurde

Dans cet autre exemple, tiré de *L'Avare* (acte I, scène III) cette fois, on trouve un Harpagon tellement obnubilé par la perte de sa chère cassette qu'il en vient à délirer et à soupçonner son valet d'avoir des mains cachées en plus de ses deux mains « normales ».

Harpagon.
Viens ça que je voie. Montre-moi tes mains.

La Flèche.
Les voilà.

Harpagon.
Les autres.

La Flèche.
Les autres ?

Harpagon.
Oui.

La Flèche.
Les voilà.

L'art de taquiner

Le petit jeu auquel se livre Agnès dans *L'École des Femmes* (acte II, scène V) illustre un autre exemple de comique : la jeune femme attise la jalousie du vieil Arnolphe en lui racontant sa rencontre avec le jeune Horace et en laissant planer un doute sur ses occupations avec lui. Tout est ici dans le non-dit d'un mot non prononcé, sans doute parce que imprononçable. Car, la chose est entendue, « La femme est le potage de l'homme »… (métaphore venant d'une structure proverbiale utilisée à l'acte II, scène IV).

Agnès.
Oh tant ; il me prenait et les mains et les bras,
Et de me les baiser il n'était jamais las.

Arnolphe.
Ne vous a-t-il point pris, Agnès, quelque autre chose ?
(La voyant interdite.)
Ouf.

Agnès.
Hé, il m'a…

Arnolphe.
Quoi ?

Agnès.
Pris…

Arnolphe.
Euh !

Agnès.
Le…

Arnolphe.
Plaît-il ?

Agnès.
Je n'ose,
Et vous vous fâcherez peut-être contre moi.

Arnolphe.
Non.

Agnès.
Si fait.

Arnolphe.
Mon Dieu ! non.

Agnès.
Jurez donc votre foi.

Arnolphe.
Ma foi, soit.

Agnès.
Il m'a pris... Vous serez en colère.

Arnolphe.
Non.

Agnès.
Si.

Arnolphe.
Non, non, non, non ! Diantre ! Que de mystère !
Qu'est-ce qu'il vous a pris ?

Agnès.
Il...

Arnolphe.
Je souffre en damné.

Agnès.
Il m'a pris le ruban que vous m'aviez donné,
À vous dire le vrai je n'ai pu m'en défendre.

Latin de cuisine et discours amphigourique

Poursuivons encore avec le latin de cuisine du discours du Bachelierus dans le troisième intermède du *Malade imaginaire* : « *Clysterium donare, / postea seignare, / ensuitta purgare* », véritable formule pour illustrer la théorie de la *catharsis* aristotélicienne qui suppose que le théâtre, par une purgation des passions, peut soigner les âmes des spectateurs en les dissuadant, au spectacle de leurs tares, de poursuivre dans leurs erreurs ! Cette mise en abyme est une jolie pirouette de Molière.

Quant à l'investiture de Monsieur Jourdain en grand Mamamouchi dans *Le Bourgeois gentilhomme*, elle finit d'inscrire dans le grand n'importe quoi d'un discours ésotérique pour non-initiés l'apport d'une langue ancienne, par nature décalée et inaudible pour le commun des mortels.

Le comique de répétition

Plus répandu encore que les précédents est, sans conteste, le comique de répétition. Prenons l'exemple de celui de la répétition du nom « Tartuffe » et de la formule « Le pauvre homme ! » dans la bouche d'Orgon, plus entiché du sort de son confesseur que de celui de sa propre famille à l'acte I, scène IV du *Tartuffe*.

Orgon.
Tout s'est-il, ces deux jours, passé de bonne sorte ?
Qu'est-ce qu'on fait céans, comme est-ce qu'on s'y porte ?

Dorine.
Madame eut avant hier, la fièvre jusqu'au soir,
Avec un mal de tête étrange à concevoir.

Orgon.
Et Tartuffe ?

Dorine.
Tartuffe ! il se porte à merveille,
Gros, et gras, le teint frais, et la bouche vermeille.

Orgon.
Le pauvre homme !

Dorine.
Le soir elle eut un grand dégoût,
Et ne put, au souper, toucher à rien du tout,
Tant sa douleur de tête était encor cruelle !

Orgon.
Et Tartuffe ?

Dorine.
Il soupa, lui tout seul, devant elle ;
Et fort dévotement il mangea deux perdrix,
Avec une moitié de gigot en hachis.

Orgon.
Le pauvre homme !

Dorine.
La nuit se passa tout entière
Sans qu'elle pût fermer un moment la paupière ;
Des chaleurs l'empêchaient de pouvoir sommeiller,
Et jusqu'au jour, près d'elle, il nous fallut veiller.

Orgon.
Et Tartuffe ?

Dorine.
Pressé d'un sommeil agréable,
Il passa dans sa chambre au sortir de la table ;
Et dans son lit bien chaud il se mit tout soudain,
Où, sans trouble, il dormit jusques au lendemain.

Orgon.
Le pauvre homme !

Dorine.
À la fin, par nos raisons gagnées,
Elle se résolut à souffrir la saignée ;
Et le soulagement suivit tout aussitôt.

Orgon.
Et Tartuffe ?

Dorine.
Il reprit courage comme il faut ;
Et, contre tous les maux fortifiant son âme,

Pour réparer le sang qu'avait perdu Madame,
But, à son déjeuner, quatre grands coups de vin.

Orgon.
Le pauvre homme !

Dorine.
Tous deux se portent bien enfin ;
Et je vais à Madame annoncer par avance,
La part que vous prenez à sa convalescence.

Dans la pièce du *Malade imaginaire*, à l'acte III, scène v, Monsieur Purgon, quant à lui, n'a bien que les noms savants pour justifier son statut de médecin face à son malade Argan. Il les répète donc volontiers.

M. Purgon.
J'ai à vous dire que je vous abandonne à votre mauvaise constitution, à l'intempérie de vos entrailles, à la corruption de votre sang, à l'âcreté de votre bile et à la féculence de vos humeurs.

Toinette.
C'est fort bien fait.

Argan.
Mon Dieu !

M. Purgon.
Et je veux qu'avant qu'il soit quatre jours vous deveniez dans un état incurable.

Argan.
Ah ! Miséricorde !

M. Purgon.
Que vous tombiez dans la bradypepsie.

Argan.
Monsieur Purgon !

M. Purgon.
De la bradypepsie dans la dyspepsie.

Monsieur Purgon, gravure, école française, XVIIe siècle.
Paris, collection de l'Ordre national des pharmaciens.

Argan.
Monsieur Purgon !

M. Purgon.
De la dyspepsie dans l'apepsie.

Argan.
Monsieur Purgon !

M. Purgon.
De l'apepsie dans la lienterie !

Argan.
Monsieur Purgon !

M. Purgon.
De la lienterie dans la dysenterie.

Argan.
Monsieur Purgon !

M. Purgon.
De la dysenterie dans l'hydropisie.

Argan.
Monsieur Purgon !

M. Purgon.
Et de l'hydropisie dans la privation de la vie, où vous aura conduit votre folie.

[acte III, scène VI]
Argan.
Ah ! mon Dieu, je suis mort !

Voilà bien une science salvatrice que celle de la médecine ! Promettre tout cela, en termes techniques, à un malade imaginaire au seul motif qu'il n'a pas voulu prendre le clystère (lavement) que lui avait préparé avec amour M. Purgon en personne… Autant se faire médecin soi-même ! C'est justement ce que fera à l'acte III, scène X, Toinette, qui s'amuse à jouer à la doctoresse de fortune dont elle a revêtu les habits, comme si cela pouvait suffire !

Toinette.
Ce sont tous des ignorants. C'est du poumon que vous êtes malade.

Argan.
Du poumon ?

Toinette.
Oui. Que sentez-vous ?

Argan.
Je sens de temps en temps des douleurs de tête.

Toinette.
Justement, le poumon.

Argan.
Il me semble parfois que j'ai un voile devant les yeux.

Toinette.
Le poumon.

Argan.
J'ai quelquefois des maux de cœur.

Toinette.
Le poumon.

Argan.
Je sens parfois des lassitudes par tous les membres.

Toinette.
Le poumon.
[...]

Argan lui-même, à l'occasion d'une cérémonie burlesque qui clôture la pièce, se verra finalement conférer le titre de grand Docteur. À en croire Molière, dont on connaît l'amour indéfectible pour la médecine et ses représentants, c'est peut-être mieux ainsi !

N'oublions pas non plus, comme faisant partie des classiques du comique de répétition, l'incantation que Géronte (le père), apprenant qu'il ne reverra plus, à moins de débourser cinq cents écus, son fils enlevé par un Turc en partance pour Alger, n'a de cesse de répéter pour exprimer sa colère : « Que diable allait-il faire dans cette galère ? » (*Les Fourberies de Scapin*, acte II, scène VII).

L'ALEXANDRIN, VERS THÉÂTRAL, S'IL EN EST

On ne peut parler du théâtre français sans toucher deux mots ou plus du vers qui l'anime le plus souvent et le donne à entendre (voire à déclamer) : l'alexandrin, ce vers de douze pieds dont le nom est attesté pour la première fois au XVe siècle, et qui deviendra le vers cardinal du XVIIe siècle. Il aurait été nommé en l'honneur du personnage principal du *Roman d'Alexandre* (le Grand), à la fin du XIIe siècle, roman écrit en dodécasyllabes, ou en référence à son auteur, Alexandre de Bernay. À la Renaissance, il vient relayer le vers héroïque, le décasyllabe, sous l'impulsion de la Pléiade. Tous les poètes l'adoptèrent et à leur suite, les grands noms du théâtre classique, Corneille comme Racine (1639-1699). À croire qu'il n'y aurait pas de vers plus idoine pour le théâtre.

L'alexandrin cornélien

Si j'avais à citer des alexandrins de Corneille, je choisirais pour son art de l'emphase le célèbre distique du *Cid* :

> Nous partîmes cinq cents et par un prompt renfort,
> Nous nous vîmes trois mille en arrivant au port.

Ou encore la légendaire maxime qui en est la conclusion :

> Et le combat cessa, faute de combattants.
> (*Le Cid*, acte IV, scène III, pour les deux citations)

Ou même :

> Ô rage, ô désespoir, ô vieillesse ennemie,
> N'ai-je donc tant vécu que pour cette infamie
> Et ne suis-je blanchi dans les travaux guerriers
> Que pour voir en un jour flétrir tant de lauriers ?
> (*Le Cid*, acte I, scène IV)

On pourrait aussi citer le magnifique rythme ternaire « Toujours aimer, toujours souffrir, toujours mourir » dans *Suréna* (acte I, scène III), qui désarticule par le rythme 4-4-4 l'alexandrin en trimètre.

Il nous laisse encore à goûter « cette obscure clarté qui tombe des étoiles » (*Le Cid*, acte IV, scène III) et à méditer sur la maîtrise totale exprimée par Auguste avec le vers « Je suis maître de moi comme de l'univers » dans la pièce politique *Cinna* (acte V, scène III).

L'alexandrin moliéresque

Molière n'est pas en reste. Dans *Le Tartuffe*, le dévot hypocrite fait mine de rester de glace face aux appas d'Elmire, la femme d'Orgon, mais finit par dire :

> Ah ! Pour être dévot, je n'en suis pas moins homme.
> (*Le Tartuffe*, acte III, scène III)

Et :

> Couvrez ce sein que je ne saurais voir !
> Par de pareils objets les âmes sont blessées,
> Et cela fait venir de coupables pensées.
> (*Le Tartuffe*, acte III, scène II)

L'alexandrin racinien

L'œuvre de Racine donne d'autres occurrences, et non des moindres, de la beauté de ce vers pair, équilibré à souhait, même quand il s'agit de dépeindre les désordres de la passion, comme dans cet extrait de *Phèdre* où l'héroïne éponyme raconte l'effet dévastateur qu'a produit sur elle la rencontre avec son beau-fils, Hippolyte. Elle va tout faire du reste pour se dédouaner de toute culpabilité.

> Phèdre.
> Mon mal vient de plus loin. À peine au fils d'Égée
> Sous les lois de l'hymen je m'étais engagée,
> Mon repos, mon bonheur semblait être affermi,
> Athènes me montra mon superbe ennemi :
> Je le vis, je rougis, je pâlis à sa vue ;

Un trouble s'éleva dans mon âme éperdue;
Mes yeux ne voyaient plus, je ne pouvais parler;
Je sentis tout mon corps et transir et brûler.
Je reconnus Vénus et ses feux redoutables,
D'un sang qu'elle poursuit tourments inévitables!
Par des vœux assidus je crus les détourner :
Je lui bâtis un temple, et pris soin de l'orner;
De victimes moi-même à toute heure entourée,
Je cherchais dans leurs flancs ma raison égarée.
D'un incurable amour remèdes impuissants!
En vain sur les autels ma main brûlait l'encens :
Quand ma bouche implorait le nom de la déesse,
J'adorais Hippolyte, et le voyant sans cesse,
Même au pied des autels que je faisais fumer,
J'offrais tout à ce dieu, que je n'osais nommer
[...]
Et depuis son absence,
Mes jours moins agités coulaient dans l'innocence;
Soumise à mon époux, et cachant mes ennuis,
De son fatal hymen je cultivais les fruits.
Vaines précautions! Cruelle destinée!
Par mon époux lui-même à Trézène amenée,
J'ai revu l'ennemi que j'avais éloigné :
Ma blessure trop vive aussitôt a saigné.
Ce n'est plus une ardeur dans mes veines cachée :
C'est Vénus tout entière à sa proie attachée.
(*Phèdre*, acte I, scène III)

« Je le vis, je rougis, je pâlis à sa vue » compte sans nul doute parmi les plus beaux alexandrins du XVIIe siècle, malgré son rythme peu académique. La coupe classique du vers en 6-6 avec césure à l'hémistiche est en effet renouvelée : l'émoi amoureux se décline en trois temps, 3- 3/6, à moins qu'on ne préfère y entendre quatre mesures qui s'enchaînent par-delà les jeux d'opposition dans une montée acméique vers un atermoiement irrémédiable sur un rythme de valse cadencé en 3-3-3-3.

L'utilisation du passé simple concourt également à donner intensité et fougue à ce premier échange oculaire; la gradation montre le caractère inexorable des effets produits sur l'âme de Phèdre, victime des flèches de l'amour. L'enchaînement de cause à conséquence marqué sans mot de liaison, puis le double effet pathologique concomitant qui marque par antithèse les altérations du teint (« je rougis, je palis »), donne une sensation de brièveté et d'intensité à la fois. La reprise en boucle des trois monosyllabes du début du vers, « je le vis », avec les trois de la fin, « à sa vue », crée quant à elle un effet de miroir intérieur entre les deux protagonistes : « je » et « le » sont soudés ensemble pour ainsi dire, pour le meilleur ou plutôt le pire.

Les effets de balancement des vers « Mes yeux ne voyaient plus, je ne pouvais parler ; / Je sentis tout mon corps et transir et brûler », par le jeu des coupes, montrent les effets castrateurs du transport amoureux : la tournure négative du premier, reprise au sein de chaque hémistiche, insiste sur la privation de deux sens, la vue et la parole ; le second, avec une tout autre coupe en 6/3-3, pointe lexicalement les effets pathologiques contradictoires, bien que simultanés, des deux sensations du chaud et du froid.

Avec « D'un incurable amour remèdes impuissants ! » Racine place de part et d'autre de l'alexandrin, autour de ce qui ressemble à un chiasme, les deux adjectifs extrêmes et négatifs, tous deux formés avec le préfixe privatif *in-*.

La « maladie d'amour » a finalement eu raison du cœur de Phèdre. Le dernier vers (« C'est Vénus tout entière à sa proie attachée »), malgré ou à cause de ses nombreux *e* muets, résonne encore à nos oreilles.

Telle est la vertu d'un alexandrin, de se figer à tout jamais dans la langue, quand il est le fruit d'un grand dramaturge. Tout le monde se rappelle ainsi l'étonnant vers allitératif en sifflantes d'*Andromaque* (acte V, scène v) laissant entendre le tourment qu'infligent les Érinyes à leurs victimes :

Pour qui **so**nt **c**es **s**erpents qui **siffl**ent **su**r vos têtes ?

Dans un autre alexandrin tiré de la même tragédie (acte IV, scène v), on est en droit d'apprécier tout particulièrement la césure ; à elle seule, en traduisant une opposition totale entre deux comportements amoureux (ceux d'Hermione et de Pyrrhus), elle permet, grâce à la figure de style appelée « épanorthose », de reprendre un mot pour mieux le corriger et l'intensifier :

> Je t'aimais inconstant, qu'aurais-je fait fidèle ?

Enfin, ce dernier vers prononcé par Néron dans *Britannicus* (acte II, scène II) : « J'aime, que dis-je, aimer ? J'idolâtre Junie ! » par l'effet de gradation nous fait atteindre des sommets !

LA LANGUE, UN OUTIL À DOUBLE SENS

Depuis Platon dans le *Gorgias*, dialogue consacré à l'un des maîtres de rhétorique de l'Antiquité, on sait que les mots de la langue ont un grand pouvoir non seulement de persuasion, mais aussi de suggestion. La langue peut devenir une arme fatale quand elle exploite un double jeu. Les deux auteurs choisis pour illustrer ce fait ont chacun exploité cette force mêlée d'ambiguïté dans des registres différents, Jean Racine avec une intention tragique, et Marcel Pagnol (1895-1974), comique.

Racine, *Phèdre*, acte II, scène v

Racine offre dans *Phèdre* un exemple d'aveu indirect et voilé d'un personnage à un autre. Comment dire sans dire ? Phèdre s'ingénie à déclarer à mots couverts sa flamme à Hippolyte : elle superpose à l'image du père celle du fils et par tout un jeu de substitutions de pronoms personnels dans sa tirade, le discours d'implicite devient explicite pour qui sait entendre (les spectateurs, par exemple). Mais comment Hippolyte, le premier intéressé, peut-il comprendre ce discours ?

Phèdre dédouble les deux hommes de sa vie, Thésée, son époux qui n'est pas revenu de la guerre, et Hippolyte, le beau-fils dont elle est tombée amoureuse, en un seul pronom personnel *il*. Deux portraits contrastés brossés en quelques vers, celui du vieux Don Juan qu'était Thésée et celui du jeune et discret Hippolyte, voilà qui suffit à refaire l'histoire. Thésée le père est remplacé par Hippolyte le fils, par exemple dans les mots « Il avait votre port, vos yeux, votre langage ».

Phèdre, quitte à renverser l'ordre chronologique, change tous les protagonistes : si Hippolyte avait été Thésée, elle-même aurait été Ariane, sa sœur. Et leurs deux destins se seraient entrecroisés. Du *il* (Thésée) et *moi*, on est passé à *vous* (Hippolyte) et *moi*. Et le conditionnel passé qui prédomine dans la reconstitution mentale finale que donne Phèdre du piège du labyrinthe (le fameux dédale où est enfermé le Minotaure) suffit à l'entraîner à son aveu et à sa perte.

Oui, Prince, je languis, je brûle pour Thésée.
Je l'aime, non point tel que l'ont vu les Enfers,
Volage adorateur de mille objets divers,
Qui va du dieu des morts déshonorer la couche ;
Mais fidèle, mais fier, et même un peu farouche,
Charmant, jeune, traînant tous les cœurs après soi,
Tel qu'on dépeint nos dieux, ou tel que je vous vois.
Il avait votre port, vos yeux, votre langage ;
Cette noble pudeur colorait son visage,
Lorsque de notre Crète il traversa les flots,
Digne sujet des vœux des filles de Minos.
Que faisiez-vous alors ? Pourquoi sans Hippolyte
Des héros de la Grèce assembla-t-il l'élite ?
Pourquoi, trop jeune encor, ne pûtes-vous alors
Entrer dans le vaisseau qui le mit sur nos bords ?
Par vous aurait péri le monstre de la Crète,
Malgré tous les détours de sa vaste retraite.
Pour en développer l'embarras incertain,
Ma sœur du fil fatal eût armé votre main.
Mais non, dans ce dessein je l'aurais devancée ;
L'Amour m'en eût d'abord inspiré la pensée.
C'est moi, Prince, c'est moi dont l'utile secours
Vous eût du labyrinthe enseigné les détours.
Que de soins m'eût coûtés cette tête charmante !
Un fil n'eût point assez rassuré votre amante.
Compagne du péril qu'il vous fallait chercher,
Moi-même devant vous j'aurais voulu marcher,
Et Phèdre au labyrinthe avec vous descendue
Se serait avec vous retrouvée ou perdue.

Hippolyte dans sa candeur croit cependant encore à un discours innocent, ce qui va obliger Phèdre à se livrer enfin, quelques vers plus loin, et à dire : « J'aime. Ne pense pas qu'au moment que je t'aime [...] » Tout est alors révélé.

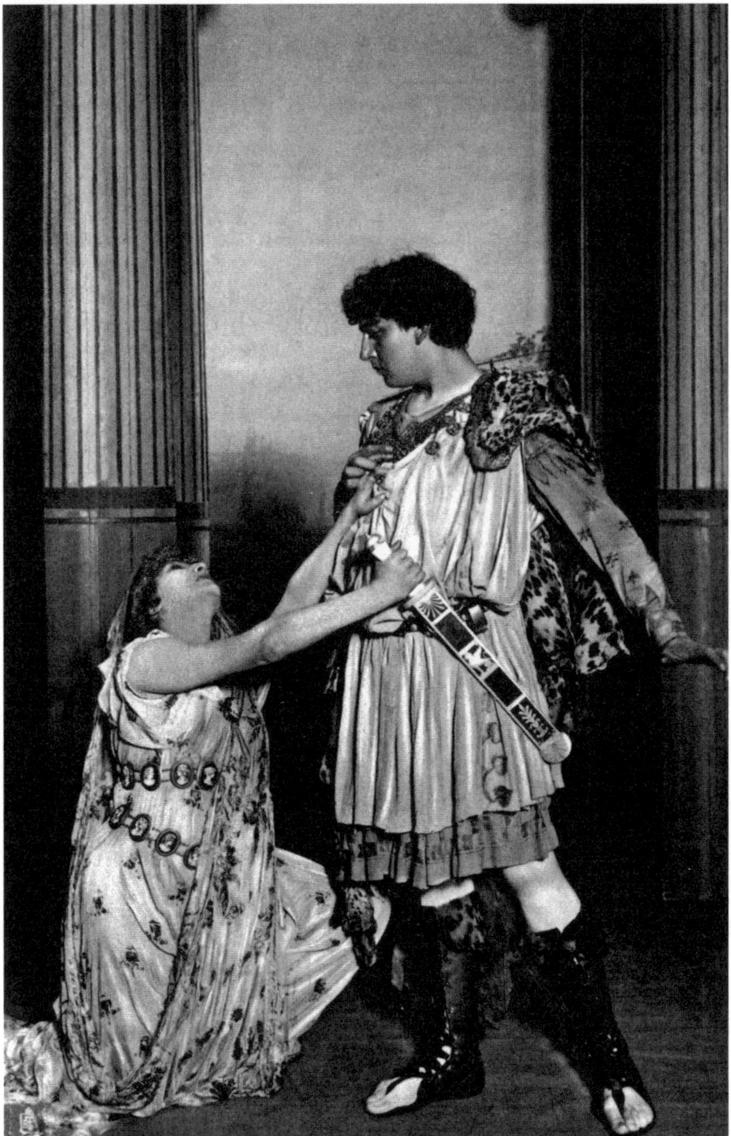

Phèdre et Hippolyte, photographie d'une représentation de la tragédie de Racine donnée en 1893 avec Sarah Bernhardt dans le rôle de Phèdre.

Pagnol, *Marius*, acte III, premier tableau, scène I

Marcel Pagnol, auteur de l'entre-deux-guerres, professeur d'anglais reconverti dans le théâtre au début du XXe siècle (1926), à qui on doit la mémorable trilogie de *Fanny* (1928), *Marius* (1929) et *César* (1931), utilisant le même procédé à partir d'un seul et même mot, réussit à nous fendre le cœur... dans son œuvre qui ruisselle du soleil de Marseille et de scènes typiques, telles les parties de pétanque ou de cartes, sans oublier les « assents » méridionaux qui vont avec.

Plongés *in medias res* dans une partie de cartes, nous découvrons le subterfuge utilisé par les partenaires pour se livrer au jeu de la triche... Un mot, un seul, le bon, et le tour est joué : on va user du double sens du mot *cœur*, désignant à la fois le siège des sentiments et, bien sûr, la couleur rouge d'un jeu de cartes. Toute autre couleur (le carreau, le trèfle ou le pique) eût été plus difficile à exploiter, convenons-en.

> *Escartefigue pousse un cri de triomphe. Il vient enfin de comprendre, et il jette une carte sur le tapis. Panisse la regarde, regarde César, puis se lève brusquement, plein de fureur.*
>
> Panisse.
> Est-ce que tu me prends pour un imbécile? Tu as dit : « Il nous fend le cœur » pour lui faire comprendre que je coupe à cœur. Et alors, il joue cœur, parbleu!
> (*Marius*, Éditions de Fallois © 2004, Marcel Pagnol)

Mais rien ne vaut sans doute la fameuse réplique de Thomas Diafoirus à son père dans *Le Malade imaginaire* (acte II, scène VI) : « Baiserai-je ? » qui, avec tout le manque de tact qui la caractérise, avait déjà en son temps, ne vous y méprenez-pas, le double sens que nous lui connaissons. On est bien au-delà de simples baisers...

DE L'ART DE MONOLOGUER

Les monologues ont toujours existé. À chaque fois, c'est l'occasion pour le personnage d'exprimer ses sentiments, de se poser des questions sur ce qu'il doit faire. On pense aux monologues délibératifs qui permettent aux héros de Corneille de résoudre leur dilemme. Dans le théâtre contemporain, les monologues abondent : certaines pièces ne sont même qu'un interminable monologue, un surgissement de parole comme expression d'une conscience, au risque de perdre en crédibilité et de casser le rythme dramatique. Ce qui a fait dire à Georges Feydeau (*Un monsieur qui n'aime pas les monologues (Monologue)*) : « Moi, je n'admets le monologue… qu'à plusieurs ; parce qu'alors, ce n'est plus un monologue ! »

Le plus long monologue du théâtre français

À l'acte V, scène III du *Mariage de Figaro*, Figaro éprouve le besoin de se confesser. Il se parle à lui-même, il nous parle, c'est donc un monologue, mais pas n'importe quel monologue. Le plus long de la littérature française, où le théâtre devient une tranche de vie.

Le valet, double et porte-parole de l'auteur, y raconte son parcours de vie jalonné d'aventures et de péripéties fort théâtrales. Il se montre changeant, dissimulateur pour la bonne cause, opportuniste, révolté aussi contre les abus de l'Ancien Régime et tous les privilèges qui vont avec. Derrière cette pièce légère que conduit avec maestria ce nouveau valet d'une autre trempe que celle des valets de Molière, Beaumarchais (1732-1799) dénonce la société de son temps, qui le désole. En composant la trilogie *Le Barbier de Séville*, *Le Mariage de Figaro* et *La Mère coupable*, cet auteur « fait la barbe » de ses contemporains, s'en prend à la noblesse, à l'ordre établi, à la justice, à l'absence de liberté d'expression, à la finance, face auxquels Figaro, le poing dressé, représente une nouvelle classe montante. Ce valet hors norme, amuseur désabusé, fait nos délices avec son esprit frondeur.

Figaro, *seul, se promenant dans l'obscurité, dit du ton le plus sombre.*

Femme ! femme ! femme ! créature faible et décevante !... nul animal créé ne peut manquer à son instinct ; le tien est-il donc de tromper ?... Après m'avoir obstinément refusé quand je l'en pressais devant sa maîtresse ; à l'instant qu'elle me donne sa parole ; au milieu même de la cérémonie... Il riait en lisant, le perfide ! et moi, comme un benêt... Non, monsieur le Comte, vous ne l'aurez pas... vous ne l'aurez pas. Parce que vous êtes un grand seigneur, vous vous croyez un grand génie ! ... noblesse, fortune, un rang, des places ; tout cela rend si fier ! Qu'avez-vous fait pour tant de biens ? vous vous êtes donné la peine de naître, et rien de plus ; du reste, homme assez ordinaire ! tandis que moi, morbleu ! perdu dans la foule obscure, il m'a fallu déployer plus de science et de calculs pour subsister seulement, qu'on n'en a mis depuis cent ans à gouverner toutes les Espagnes ; et vous voulez jouter !... On vient... c'est elle... ce n'est personne. — La nuit est noire en diable, et me voilà faisant le sot métier de mari, quoique je ne le sois qu'à moitié ! *(Il s'assied sur un banc.)* Est-il rien de plus bizarre que ma destinée ! Fils de je ne sais pas qui ; volé par des bandits ; élevé dans leurs mœurs, je m'en dégoûte et veux courir une carrière honnête ; et partout je suis repoussé ! J'apprends la chimie, la pharmacie, la chirurgie ; et tout le crédit d'un grand seigneur peut à peine me mettre à la main une lancette vétérinaire ! — Las d'attrister des bêtes malades, et pour faire un métier contraire, je me jette à corps perdu dans le théâtre : me fussé-je mis une pierre au cou ! Je broche une comédie dans les mœurs du sérail : auteur espagnol, je crois pouvoir y fronder Mahomet sans scrupule : à l'instant, un envoyé... de je ne sais où se plaint que j'offense dans mes vers la Sublime Porte, la Perse, une partie de la presqu'île de l'Inde, toute l'Égypte, les royaumes de Barca, de Tripoli, de Tunis, d'Alger et de Maroc ; et voilà ma comédie flambée, pour plaire aux princes mahométans, dont pas un, je crois, ne sait lire, et qui nous meurtrissent l'omoplate, en nous disant : « Chiens de chrétiens ! » — Ne pouvant avilir l'esprit, on se venge en le maltraitant. — Mes joues creusaient, mon terme était échu : je voyais de loin arriver l'affreux recors, la plume fichée dans sa perruque ; en frémissant je m'évertue. Il s'élève une question sur la nature des richesses ;

et comme il n'est pas nécessaire de tenir les choses pour en raisonner, n'ayant pas un sol, j'écris sur la valeur de l'argent, et sur son produit net : sitôt je vois, du fond d'un fiacre, baisser pour moi le pont d'un château fort, à l'entrée duquel je laissai l'espérance et la liberté. *(Il se lève.)* Que je voudrais bien tenir un de ces puissants de quatre jours, si légers sur le mal qu'ils ordonnent, quand une bonne disgrâce a cuvé son orgueil ! Je lui dirais... que les sottises imprimées n'ont d'importance qu'aux lieux où l'on en gêne le cours ; que, sans la liberté de blâmer, il n'est point d'éloge flatteur ; et qu'il n'y a que les petits hommes qui redoutent les petits écrits. *(Il se rassied.)* Las de nourrir un obscur pensionnaire, on me met un jour dans la rue ; et comme il faut dîner, quoiqu'on ne soit plus en prison, je taille encore ma plume, et demande à chacun de quoi il est question : on me dit que, pendant ma retraite économique, il s'est établi dans Madrid un système de liberté sur la vente des productions, qui s'étend même à celles de la presse ; et que, pourvu que je ne parle en mes écrits ni de l'autorité, ni du culte, ni de la politique, ni de la morale, ni des gens en place, ni des corps en crédit, ni de l'Opéra, ni des autres spectacles, ni de personne qui tienne à quelque chose, je puis tout imprimer librement, sous l'inspection de deux ou trois censeurs. Pour profiter de cette douce liberté, j'annonce un écrit périodique, et, croyant n'aller sur les brisées d'aucun autre, je le nomme *Journal inutile*. Pou-ou ! je vois s'élever contre moi mille pauvres diables à la feuille : on me supprime, et me voilà derechef sans emploi ! — Le désespoir m'allait saisir ; on pense à moi pour une place, mais par malheur j'y étais propre : il fallait un calculateur, ce fut un danseur qui l'obtint. Il ne me restait plus qu'à voler ; je me fais banquier de pharaon : alors, bonnes gens ! je soupe en ville, et les personnes dites « comme il faut » m'ouvrent poliment leur maison, en retenant pour elles les trois quarts du profit. J'aurais bien pu me remonter ; je commençais même à comprendre que, pour gagner du bien, le savoir-faire vaut mieux que le savoir. Mais comme chacun pillait autour de moi, en exigeant que je fusse honnête, il fallut bien périr encore. Pour le coup je quittais le monde, et vingt brasses d'eau m'en allaient séparer lorsqu'un dieu bienfaisant m'appelle à mon premier état. Je reprends ma trousse et mon cuir anglais ; puis, laissant la fumée aux sots qui s'en nourrissent, et la honte au milieu du chemin,

comme trop lourde à un piéton, je vais rasant de ville en ville, et je vis enfin sans souci. Un grand seigneur passe à Séville ; il me reconnaît, je le marie ; et pour prix d'avoir eu par mes soins son épouse, il veut intercepter la mienne ! Intrigue, orage à ce sujet. Prêt à tomber dans un abîme, au moment d'épouser ma mère, mes parents m'arrivent à la file. *(Il se lève en s'échauffant.)* On se débat : C'est vous, c'est lui, c'est moi, c'est toi ; non, ce n'est pas nous ; eh ! mais qui donc ? *(Il retombe assis.)* Ô bizarre suite d'événements ! Comment cela m'est-il arrivé ? Pourquoi ces choses et non pas d'autres ? Qui les a fixées sur ma tête ? Forcé de parcourir la route où je suis entré sans le savoir, comme j'en sortirai sans le vouloir, je l'ai jonchée d'autant de fleurs que ma gaieté me l'a permis ; encore je dis ma gaieté, sans savoir si elle est à moi plus que le reste, ni même quel est ce *moi* dont je m'occupe : un assemblage informe de parties inconnues ; puis un chétif être imbécile, un petit animal folâtre, un jeune homme ardent au plaisir, ayant tous les goûts pour jouir, faisant tous les métiers pour vivre, maître ici, valet là, selon qu'il plaît à la fortune ; ambitieux par vanité, laborieux par nécessité, mais paresseux… avec délices ! orateur selon le danger, poète par délassement ; musicien par occasion, amoureux par folles bouffées, j'ai tout vu, tout fait, tout usé. Puis l'illusion s'est détruite, et trop désabusé… Désabusé… ! Suzon, Suzon, Suzon ! que tu me donnes de tourments !… J'entends marcher… on vient. Voici l'instant de la crise.
(Il se retire près de la première coulisse à sa droite.)

Un soliloque plein de vide

Du monologue au soliloque, il n'y a qu'un pas. Sauf qu'ici, nous tombons de Charybde en Scylla, en quelque sorte ! D'un monologue plein, nous trouvons dans l'extrait qui suit, tiré de la pièce de Samuel Beckett (1906-1989) au titre ironique *Oh les beaux jours*, un soliloque d'apparence vide (de sens) : Winnie pour tuer le temps parle à son mari Willie, quasi muet. Drôle de non échange ! Le texte patine, le disque est comme rayé, le personnage parle mais à qui ? pourquoi ? Le discours ne sert plus qu'à meubler la solitude de l'héroïne.

Winnie.
[...] Ah oui, si seulement je pouvais supporter d'être seule, je veux dire d'y aller de mon babil sans âme qui vive qui entende. *(Un temps.)* Non pas que je me fasse des illusions, tu n'entends pas grand'chose, Willie, à Dieu ne plaise. *(Un temps.)* Des jours peut-être où tu n'entends rien. *(Un temps.)* Mais d'autres où tu réponds. *(Un temps.)* De sorte que je peux me dire à chaque moment, même lorsque tu ne réponds pas et n'entends peut-être rien, Winnie, il est des moments où tu te fais entendre, tu ne parles pas toute seule tout à fait, c'est-à-dire dans le désert, chose que je n'ai jamais pu supporter — à la longue. *(Un temps.)* C'est ce qui me permet de continuer, de continuer à parler s'entend. Tandis que si tu venais à mourir — *(sourire)* — le vieux style ! — *(fin du sourire)* — ou à t'en aller en m'abandonnant, qu'est-ce que je ferais alors, qu'est-ce que je pourrais bien faire, toute la journée, je veux dire depuis le moment où ça sonne, pour le réveil, jusqu'au moment où ça sonne, pour le sommeil ? *(Un temps.)* Simplement regarder droit devant moi, les lèvres rentrées ? [...]
(Samuel Beckett, *Oh les beaux jours* © Les Éditions de Minuit, 1963)

VICTOR HUGO, PÈRE DU DRAME ROMANTIQUE

Finie la césure parfaite à l'hémistiche dans les alexandrins théâtraux ! Finis les balancements réguliers et symétriques du théâtre classique ! Le théâtre romantique se démarque de son ancêtre, tant codifié et réglé par les théoriciens que furent Malherbe et Boileau. Dans cette mise à mort du Grand Siècle, rien ne sera oublié. Le drame romantique à lui seul, avec son subtil mélange de grotesque et de sublime, dame le pion aux genres traditionnels que sont comédie et tragédie. Tout est bouleversé, contesté, remis en cause. C'est la révolution de 1789 appliquée au théâtre ! C'est plus exactement la guerre entre les « flamboyants » (les romantiques) et les « grisâtres » (les classiques), comme les surnommait Théophile Gautier.

Victor Hugo (1802-1885) veut faire sonner le glas du théâtre classique qu'il juge peu vraisemblable, et commence par faire éclater la règle des trois unités et par donner le pas à l'action sur le discours. Exit les confidents, par exemple. En lieu et place des récits rapportés, pourquoi ne pas tout montrer sur scène ? Comme dans la vraie vie. Fi de la bienséance ! La langue choisie sera celle de tout un chacun et le vocabulaire roturier et familier, quitte à choquer, remplacera le lexique noble. La langue française elle-même est ainsi partie prenante de ce nouveau genre qu'est le drame romantique, comme l'illustre cet extrait d'une tirade du protagoniste d'*Hernani*, pièce qui suscita une violente querelle en 1830.

Victor Hugo, *Hernani*, acte III, scène II

Monts d'Aragon ! Galice ! Estramadoure !
— Oh ! Je porte malheur à tout ce qui m'entoure ! —
J'ai pris vos meilleurs fils, pour mes droits sans remords
Je les ai fait combattre, et voilà qu'ils sont morts !
C'étaient les plus vaillants de la vaillante Espagne.
Ils sont morts ! ils sont tous tombés dans la montagne,
Tous sur le dos couchés, en braves, devant Dieu,

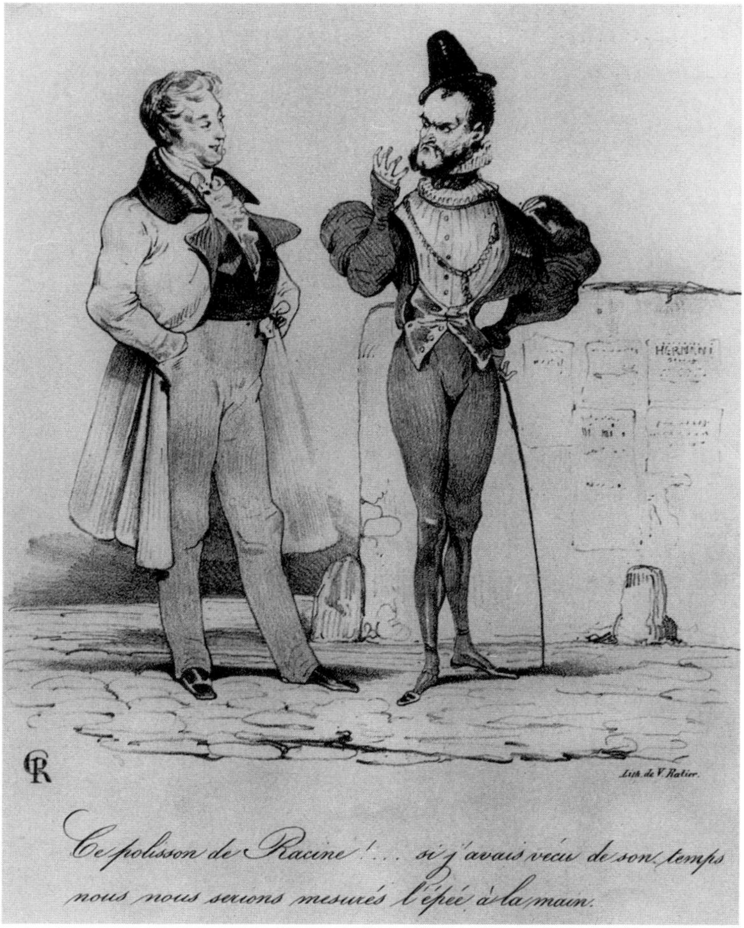

Caricature hostile au drame romantique présentant Victor Hugo vêtu comme son héros Hernani, lithographie, 1829-1830. Paris, musée Carnavalet.

Et, si leurs yeux s'ouvraient, ils verraient le ciel bleu !
Voilà ce que je fais de tout ce qui m'épouse !
Est-ce une destinée à te rendre jalouse ?
Doña Sol, prends le duc, prends l'enfer, prends le roi !
C'est bien. Tout ce qui n'est pas moi vaut mieux que moi !
Je n'ai plus un ami qui de moi se souvienne,
Tout me quitte, il est temps qu'à la fin ton tour vienne,
Car je dois être seul. Fuis ma contagion.
Ne te fais pas d'aimer une religion !
Oh ! par pitié pour toi, fuis ! — Tu me crois peut-être
Un homme comme sont tous les autres, un être
Intelligent, qui court droit au but qu'il rêva.
Détrompe-toi. Je suis une force qui va !
Agent aveugle et sourd de mystères funèbres !
Une âme de malheur faite avec des ténèbres !
Où vais-je ? Je ne sais. Mais je me sens poussé
D'un souffle impétueux, d'un destin insensé.
[...]
Oh ! Fuis ! Détourne-toi de mon chemin fatal !
Hélas, sans le vouloir, je te ferai du mal !

Le vers classique avait été dénoncé par Stendhal, qui le trouvait monotone, conventionnel et même artificiel. Ne disait-il pas, dans *Racine et Shakespeare*, que l'alexandrin n'était « souvent qu'un cache-sottises » ? Victor Hugo choisit de briser le carcan dans lequel s'était enferré le théâtre et, pour donner un ton plus réaliste à la parole dialoguée, il entreprend de rompre le rythme habituel : au tétramère classique (3-3-3-3) succède le trimètre romantique (4-4-4). Dans l'extrait choisi, le héros Hernani crie son désespoir ; l'alexandrin a beau être bouleversé par des coupes inhabituelles (« Oh ! Je porte malheur à tout ce qui m'entoure ! » ou « Ils sont morts ! ils sont tous tombés dans la montagne », par exemple), se relancer comme par anadiplose dans « C'étaient les plus vaillants de la vaillante Espagne », l'effet produit trahit les états d'âme de celui qui est plus porte-parole de l'auteur et de la théorie du romantisme que héros dramatique.

Dans cet autre extrait, tiré de *Ruy Blas* (acte III, scène II) cette fois, Hugo, par le rythme nouveau et haché apporté au vers, déstructure le propos et dramatise plus encore ses attaques critiques contre la politique :

Ruy Blas, *survenant*.
Bon appétit, messieurs ! —
Tous se retournent. Silence de surprise et d'inquiétude. Ruy Blas se couvre, croise les bras, et poursuit en les regardant en face.
Ô ministres intègres !
Conseillers vertueux ! Voilà votre façon
De servir, serviteurs qui pillez la maison !

COURTELINE OU L'ART DES LIAISONS… PAS TOUJOURS DANGEREUSES

On retrouve dans le théâtre de boulevard, dont Georges Courteline (1858-1929) est un éminent représentant au début du xxe siècle, bien des exemples de formules cocasses parmi lesquelles le fameux « Ciel, mon mari ! ».

Dans l'une de ses pièces les moins connues, *Le Gora*, on fait la connaissance d'une certaine Bobéchotte qui, discutant non sans peine avec Gustave, dit Trognon, a des difficultés à prononcer les liaisons. Ce qui suffit à faire basculer la situation vers une scène de ménage, car le sujet passe de la « liaison grammaticale » à la « liaison amoureuse ».

Tout le charme de cette pièce vient d'un jeu sur la prononciation des mots. De tout un art des liaisons, en fait, quand les mots se retrouvent en phrasé syntactique… Bien grand mot pour dire qu'il faut lier les mots les uns aux autres. Tour à tour, le *gora*, mot devinette à identifier, va prendre de multiples formes, en fonction de sa place dans la phrase, pour peu que la liaison ait été faite « mal-t-à propos ».

Ces liaisons parfois vicieuses ont pour nom *pataquès.* Le terme serait la déformation de « je ne sais pas à qui est-ce », à en croire cette histoire, rapportée par Gilles Henri (*Petit dictionnaire des expressions nées de l'histoire*), dont le décor est une loge de théâtre et les acteurs, un jeune homme et ses deux voisines :

— Madame, cet éventail est-il à vous ?
— Il n'est point-z à moi.
— Est-il à vous ? demande le jeune homme à la seconde.
— Il n'est pas-t-à moi.
— Il n'est point-z à vous, il n'est pas-t-à vous, mais alors, je ne sais pas-t-à-qu'est-ce ?

Bien des dramaturges en ont usé.

Courteline, *Le Gora*

Bobéchotte.
Trognon, je vais bien t'épater. Oui, je vais t'en boucher une surface. Sais-tu qui est-ce qui m'a fait un cadeau ? La concierge.

Gustave.
Peste ! tu as de belles relations ! Tu ne m'avais jamais dit ça !

Bobéchotte.
Ne chine pas la concierge, Trognon ; c'est une femme tout ce qu'il y a de bath ; à preuve qu'elle m'a donné... devine quoi ? un gora !

Gustave.
La concierge t'a donné un gora ?

Bobéchotte.
Oui, mon vieux.

Gustave.
Et qu'est-ce que c'est que ça, un gora ?

Bobéchotte.
Tu ne sais pas ce que c'est qu'un gora ?

Gustave.
Ma foi, non.

Bobéchotte, *égayée.*
Mon pauvre Trognon, je te savais un peu poire, mais à ce point-là, je n'aurais pas cru. Alors, non, tu ne sais pas qu'un gora, c'est un chat ?

Gustave.
Ah !... U<u>n a</u>ngora, tu veux dire.

Bobéchotte.
Comment ?

Gustave.
Tu dis : un gora.

Bobéchotte.
Naturellement, je dis : un gora.

Gustave.
Eh bien ! on ne dit pas : un gora.

Bobéchotte.
On ne dit pas : un gora ?

Gustave.
Non.

Bobéchotte.
Qu'est-ce qu'on dit, alors ?

Gustave.
On dit : un angora.

Bobéchotte.
Depuis quand ?

Gustave.
Depuis toujours.

Bobéchotte.
Tu crois ?

Gustave.
J'en suis même certain.

Bobéchotte.
J'avoue que tu m'étonnes un peu. La concierge dit : un gora, et si elle dit : un gora, c'est qu'on doit dire : un gora. Tu n'as pas besoin de rigoler ; je la connais mieux que toi, peut-être, et c'est encore pas toi, avec tes airs malins, qui lui feras le poil pour l'instruction.

Gustave.
Elle est si instruite que ça ?

Bobéchotte, *avec une grande simplicité*.
Tout ce qui se passe dans la maison, c'est par elle que je l'ai appris.

Gustave.
C'est une raison, je le reconnais, mais ça ne change rien à l'affaire, et pour ce qui est de dire : un angora, sois sûre qu'on dit : un angora.

Bobéchotte.
Je dirai ce que tu voudras, Trognon ; ça m'est bien égal, après tout, et si nous n'avons jamais d'autre motif de dispute…

Gustave.
C'est évident.

Bobéchotte.
N'est-ce pas ?

Gustave.
Sans doute.

Bobéchotte.
Le tout, c'est qu'il soit joli, hein ?

Gustave.
Qui ?

Bobéchotte.
Le petit nangora que m'a donné la concierge, et, à cet égard-là, il n'y a pas mieux. Un vrai amour de petit nangora, figure-toi ; pas plus gros que mon poing, avec des souliers blancs, des yeux comme des cerises à l'eau-de-vie, et un bout de queue pointu, pointu, comme l'éteignoir de ma grand-mère… Mon Dieu, quel beau petit nangora !

Gustave.
Je vois, au portrait que tu m'en traces, qu'il doit être, en effet, très bien. Une simple observation, mon loup ; on ne dit pas : un petit nangora.

Bobéchotte.
Tiens ? Pourquoi donc ?

Gustave.
Parce que c'est du français de cuisine.

Bobéchotte.
Eh ben, elle est bonne, celle-là ! je dis comme tu m'as dit de dire.

Gustave.
Oh! mais pas du tout; je proteste. Je t'ai dit de dire : un angora, mais pas : un petit nangora. *(Muet étonnement de Bobéchotte.)* C'est que, dans le premier cas, l'*a* du mot *angora* est précédé de la lettre *n*, tandis que c'est la lettre *t* qui termine le mot *petit*.

Bobéchotte.
Ah!

Gustave.
Oui.

Bobéchotte, *haussant les épaules*.
En voilà des histoires! Qu'est-ce que je dois dire, avec tout ça?

Gustave.
Tu dois dire : un petit angora.

Bobéchotte.
C'est bien sûr, au moins?

Gustave.
N'en doute pas.

Bobéchotte.
Il n'y a pas d'erreur?

Gustave.
Sois tranquille.

Bobéchotte.
Je tiens à être fixée, tu comprends.

Gustave.
Tu l'es comme avec une vis.

Bobéchotte.
N'en parlons plus. Maintenant, je voudrais ton avis. J'ai envie de l'appeler Zigoto.

Gustave.
Excellente idée!

[...]

Gustave.
Ça fait rire le monde.

Bobéchotte.
Et ça dit bien ce que ça veut dire. Oui, je crois que pour un tangora, le nom n'est pas mal trouvé. *(Elle rit.)*

Gustave.
Pour un quoi ?

Bobéchotte.
Pour un tangora.

Gustave.
Ce n'est pas pour te dire des choses désagréables, mais, ma pauvre cocotte en sucre, j'ai de la peine à me faire comprendre. Fais donc attention, sapristoche ! On ne dit pas : un tangora.

Bobéchotte.
Ça va durer longtemps, cette plaisanterie-là ?

Gustave, *interloqué*.
Permets...

Bobéchotte.
Je n'aime pas beaucoup qu'on s'offre ma physionomie, et si tu es venu dans le but de te payer mon 24-30, il vaudrait mieux le dire tout de suite.

Gustave.
Tu t'emballes ; tu as bien tort ! Je dis : « On dit un angora, un petit angora ou un gros angora » ; il n'y a pas de quoi fouetter un chien, et tu ne vas pas te fâcher pour une question de liaison.

Bobéchotte.
Liaison !... Une liaison comme la nôtre vaut mieux que bien des ménages, d'abord ; et puis, si ça ne te suffit pas, épouse-moi ; est-ce que je t'en empêche ? Malappris ! Grossier personnage !

[...]

Bobéchotte.
Je me comprends; c'est le principal. Vois-tu, c'est toujours imprudent de jouer au plus fin avec une femme. De plus malins que toi y ont trouvé leur maître. Parfaitement! À bon entendeur... Je t'en flanquerai, moi, du zangora!

EDMOND ROSTAND ET LE NEZ DE CYRANO

Dans une ambiance fin de siècle, Edmond Rostand (1868-1918) jouait déjà en 1897 aux indignés, en créant le protagoniste truculent et comme venu d'une autre planète de *Cyrano de Bergerac.* Cette œuvre singulière, qui ressemble fort à une pièce de cape et d'épée, met en scène une figure haute en couleur, gesticulant au cœur de tableaux grandioses et débitant des tirades aux alexandrins sonnants mais pas trébuchants, — pensons à la célèbre tirade du nez, citée ci-dessous, à laquelle tant d'acteurs ont prêté leur nez et plus que cela même, de Jacques Weber à Philippe Torreton, Denis Podalydès ou Patrick Pineau. Dans « cette désastreuse aventure », comme la nomme son auteur lui-même, d'inspiration classique, proche d'un drame romantique à la Hugo, de facture bien du XIXe siècle et surtout écrite dans une langue fleurie aux accents gascons, le héros Cyrano, digne descendant du « soldat fanfaron » de Plaute, ne pouvait manquer de séduire les spectateurs, lui qui, amoureux transi, a fait de sa déclaration d'amour un morceau d'anthologie. Derrière le masque d'un autre, Cyrano est tout près de révéler son cœur : un bel exemple de théâtre dans le théâtre !

Rostand, *Cyrano de Bergerac*, acte I, scène IV

Cyrano.
[…] Ah ! non ! c'est un peu court, jeune homme !
On pouvait dire… Oh ! Dieu !… bien des choses en somme…
En variant le ton, — par exemple, tenez :
Agressif : « Moi, monsieur, si j'avais un tel nez,
Il faudrait sur le champ que je me l'amputasse ! »
Amical : « Mais il doit tremper dans votre tasse :
Pour boire, faites-vous fabriquer un hanap ! »
Descriptif : « c'est un roc !… c'est un pic… c'est un cap !
Que dis-je, c'est un cap ?… c'est une péninsule ! »
Curieux : « De quoi sert cette oblongue capsule ?
D'écritoire, monsieur, ou de boîte à ciseaux ? »

Gracieux : « Aimez-vous à ce point les oiseaux
Que paternellement vous vous préoccupâtes
De tendre ce perchoir à leurs petites pattes ? »
Truculent : « Ça, monsieur, lorsque vous pétunez,
La vapeur du tabac vous sort-elle du nez
Sans qu'un voisin ne crie au feu de cheminée ? »
Prévenant : « Gardez-vous, votre tête entraînée
Par ce poids, de tomber en avant sur le sol ! »
Tendre : « Faites-lui faire un petit parasol
De peur que sa couleur au soleil ne se fane ! »
Pédant : « L'animal seul, monsieur, qu'Aristophane
Appelle hippocampelephantocamélos
Dut avoir sous le front tant de chair sur tant d'os ! »
[...]
Enfin parodiant Pyrame en un sanglot :
« Le voilà donc ce nez qui des traits de son maître
A détruit l'harmonie ! Il en rougit, le traître ! »
— Voilà ce qu'à peu près, mon cher, vous m'auriez dit
Si vous aviez un peu de lettres et d'esprit :
Mais d'esprit, ô le plus lamentable des êtres,
Vous n'en eûtes jamais un atome, et de lettres
Vous n'avez que les trois qui forment le mot : Sot !
Eussiez-vous eu, d'ailleurs, l'invention qu'il faut
Pour pouvoir là, devant ces nobles galeries,
Me servir toutes ces folles plaisanteries,
Que vous n'en eussiez pas articulé le quart
De la moitié du commencement d'une, car
Je me les sers moi-même, avec assez de verve,
Mais je ne permets pas qu'un autre me les serve.

L'auteur se joue ici pour notre plus grand bonheur de l'art des périphrases pour qualifier le nez du personnage. L'exercice de ces possibles narratifs nous vaut bien des métaphores, des néologismes, des subjonctifs imparfaits comme on n'en utilise plus. Bref, une langue travaillée et recherchée. N'oublions pas que ce chevalier épique « quarte du pied », « escarmouche », « coupe », feinte » et « à la fin de l'envoi », « touche » !

EUGÈNE IONESCO
ET SA *CANTATRICE CHAUVE*

Né en Roumanie d'un père roumain et d'une mère française, Eugène Ionesco (1909-1994) passa toute son enfance en France. Très tôt il s'interroge sur les fondements du langage. À quoi les mots renvoient-ils ? Qu'y a-t-il derrière les mots ? Pour Ionesco, « est absurde ce qui n'a pas de but… Coupé de ses racines religieuses ou métaphysiques, l'homme est perdu […] ». C'est en essayant d'apprendre l'anglais, à partir de la Méthode Assimil, qu'il aurait eu l'idée de composer *La Cantatrice Chauve* (1950), dont le titre original, du reste, était *L'Anglais sans peine*.

De cantatrice, a fortiori chauve, vous n'en verrez pas même l'ombre d'un cheveu dans cette œuvre qui présente la rencontre de deux familles de bourgeois anglais, les Smith et les Martin, dont les membres, amenés à se retrouver, échangent des paroles apparemment vides de sens.

Quoi de plus incongru que cette fausse scène de reconnaissance entre M. et Mme Martin, couple qui fait mine de ne se point connaître, alors que tous les détails les rapprochent et les désignent peu à peu comme un couple partageant la même vie, le même toit. L'effet produit pourrait être celui d'un *nonsense* généralisé. « Comme c'est curieux… ! » Tel est le refrain mécanique de cette scène scandée par la pendule, omniprésente. Dans ces échanges, les rôles semblent déterminés d'avance : M. Martin avance un indice que Mme Martin s'empresse aussitôt de démentir. Mais, tout de même, que de coïncidences : même ville de départ, même train, même wagon, même numéro de place, même immeuble, puis, dans l'extrait cité, même chambre à coucher, et toujours pas de reconnaissance entre eux !

Le langage semble inefficace. Les personnages se parlent en écho, mais les formulations fréquemment interrogatives, exclamatives ou interjectives, expriment l'impossibilité pour la vérité d'éclore à leur conscience. Cela tient donc du miracle, si ces deux êtres retrouvent finalement le souvenir d'« Élisabeth » pour lui, de « darling » pour elle ! Par-delà des mots simples et répétitifs, l'irréalité de la situation, en soi comique, conduit à une réflexion profonde sur la difficulté à communiquer, au sein du couple comme ailleurs.

Ionesco, *La Cantatrice chauve*, scène IV (© Gallimard, 1954)

M. Martin, *songeur*.
Comme c'est curieux, comme c'est curieux, comme c'est curieux et quelle coïncidence ! Vous savez, dans ma chambre à coucher j'ai un lit. Mon lit est couvert d'un édredon vert. Cette chambre, avec ce lit, avec son édredon vert, se trouve au fond du corridor, entre les water et la bibliothèque, chère Madame !

Mme Martin.
Quelle coïncidence, ah, mon Dieu, quelle coïncidence ! Ma chambre à coucher a, elle aussi, un lit avec un édredon vert et se trouve au fond du corridor, entre les water, cher Monsieur, et la bibliothèque !

M. Martin.
Comme c'est bizarre, curieux, étrange ! Alors, Madame, nous habitons dans la même chambre et nous dormons dans le même lit, chère Madame. C'est peut-être là que nous nous sommes rencontrés !

[...]

Mme Martin.
Comme c'est curieux ! C'est bien possible, cher Monsieur.

Un assez long moment de silence... La pendule sonne vingt-neuf fois.

M. Martin, *après avoir longuement réfléchi, se lève lentement et, sans se presser, se dirige vers Mme Martin qui, surprise par l'air solennel de M. Martin, s'est levée, elle aussi, tout doucement; M. Martin a la même voix rare, monotone, vaguement chantante.* Alors, chère Madame, je crois qu'il n'y a pas de doute, nous nous sommes déjà vus et vous êtes ma propre épouse... Élisabeth, je t'ai retrouvée !

Mme Martin *(s'approche de M. Martin sans se presser. Ils s'embrassent sans expression. La pendule sonne une fois, très fort. Le coup de la pendule doit être si fort qu'il doit faire sursauter les spectateurs. Les époux Martin ne l'entendent pas).*
Donald, c'est toi, darling !

SAMUEL BECKETT OU QUAND UN CLOCHARD RENCONTRE UN AUTRE CLOCHARD

Samuel Beckett, l'Irlandais français, a écrit tour à tour en anglais et en français. Pour qualifier son nouveau sens du tragique, Alfred Simon n'hésite pas à parler de « la mort de l'être » ou du triomphe de « l'innommable ». Les deux extraits qui vont suivre illustrent on ne peut mieux ce degré zéro du tragique, à moins qu'il ne faille y voir plutôt le tragique à l'état pur.

Depuis toujours, le temps a été partie prenante du théâtre. On pense au chœur des *Juives* de Robert Garnier en 1583, prétexte au lyrisme, au long lamento de Titus chez Racine dans *Bérénice*, ou encore au repas de Don César de Bazan pour tuer le temps à l'acte IV de *Ruy Blas.* Chez Beckett, deux clochards, Vladimir et Estragon, éternellement seuls, attendent un troisième larron (Godot, mis pour God ?) qui ne viendra jamais. Ils parlent pour rien et sur rien, et même à deux, sombrent dans le désespoir. Ils ressemblent à deux duettistes, tels Laurel et Hardy, à deux marionnettes surtout dont la parole s'amenuise. Ils attendent qui ? quoi ? Questions, réponses, répétitions s'enchaînent comme un pur verbiage qui permet de passer le temps. La langue fait du sur place, comme le temps, interminable.

Samuel Beckett, *En attendant Godot*, acte I
(© Les Éditions de Minuit, 1952)

Estragon.
Endroit délicieux. *(Il se retourne, avance jusqu'à la rampe, regarde vers le public.)* Aspects riants. *(Il se tourne vers Vladimir.)* Allons-nous-en.

Vladimir.
On ne peut pas.

Estragon.
Pourquoi ?

Vladimir.
On attend Godot.

Estragon.
C'est vrai. *(Un temps.)* Tu es sûr que c'est ici ?

Vladimir.
Quoi ?

Estragon.
Qu'il faut attendre.

Vladimir.
Il a dit devant l'arbre. *(Ils regardent l'arbre.)* Tu en vois d'autres ?

[...]

Vladimir.
Un — *(Il se reprend.)* Qu'est-ce que tu veux insinuer ? Qu'on s'est trompé d'endroit ?

Estragon.
Il devrait être là.

Vladimir.
Il n'a pas dit ferme qu'il viendrait.

Estragon.
Et s'il ne vient pas ?

Vladimir.
Nous reviendrons demain.

Estragon.
Et puis après-demain.

Vladimir.
Peut-être.

Estragon.
Et ainsi de suite.

Vladimir.
C'est-à-dire…

Estragon.
Jusqu'à ce qu'il vienne ?

Vladimir.
Tu es impitoyable.

Estragon.
Nous sommes déjà venus hier.

Vladimir.
Ah non, là tu te goures.

[…]

Estragon.
Tu es sûr que c'était ce soir ?

Vladimir.
Quoi ?

Estragon.
Qu'il fallait attendre ?

Vladimir.
Il a dit samedi. *(Un temps.)* Il me semble.

Estragon.
Après le turbin.

Vladimir.
J'ai dû le noter. *(Il fouille dans ses poches, archibondées de saletés de toutes sortes.)*

Estragon.
Mais quel samedi ? Et sommes-nous samedi ? Ne serait-on pas plutôt dimanche ? Ou lundi ? Ou vendredi ?

Vladimir *(regardant avec affolement autour de lui, comme si la date était inscrite dans le paysage).*
Ce n'est pas possible.

Estragon.
Ou jeudi.

Vladimir.
Comment faire ?

Estragon.
S'il s'est dérangé pour rien hier soir, tu penses bien qu'il ne viendra pas aujourd'hui.

Vladimir.
Mais tu dis que nous sommes venus hier soir.

Estragon.
Je peux me tromper. *(Un temps.)* Taisons-nous un peu, tu veux ?

JEAN TARDIEU OÙ L'ART D'EMPLOYER UN MOT POUR UN AUTRE

Un mot pour un autre est une courte pièce de Jean Tardieu (1903-1995), où le langage est entièrement détourné. Le titre même *Un mot pour un autre* prévient de suite le lecteur de l'impression de bric-à-brac surréaliste, destiné à faire illusion tout en jouant sur différents registres, qui l'attend à la lecture de la pièce.

Dans les deux extraits choisis, le texte est à recoder pour faire sens. Mettre un mot à la place d'un autre s'avère être tout sauf innocent ou neutre.

Le comique des scènes naît de l'écart entre le sens réel des mots et le second degré. Ici, comme dans le *Knock* de Jules Romains, ça nous gratouille, ça nous chatouille ; ça nous donne des idées ! Ce travail sur la langue n'est pas sans rappeler la méthode S + 7 telle que la conçut l'OuLiPo (Ouvroir de Littérature Potentielle), s'amusant entre autres à retranscrire les *Fables* de La Fontaine en remplaçant chaque mot par le 7e qui le suivait dans le dictionnaire. Et créant, par conséquent, un texte pour le moins étrange.

Chez Tardieu, on entend des mots qui coulent sans aucun sens et qui, pris à la lettre, restent incompréhensibles. Mais les personnages semblent parfaitement se comprendre, malgré le caractère erroné des phrases dans lesquelles on substitue à chaque fois un mot à un autre (avec, du reste, des sonorités assez proches). Les intonations et expressions en disent souvent plus que les paroles et suppléent à l'inintelligibilité du propos.

Premier extrait, début de la pièce

Au lever du rideau, Madame est seule. Elle est assise sur un sofa et lit un livre.

Irma, *entrant et apportant le courrier.*
Madame, la poterne vient d'élimer le fourrage…

Elle tend le courrier à Madame, puis reste plantée devant elle, dans une attitude renfrognée et boudeuse.

Madame, *prenant le courrier.*
C'est tronc !... Sourcil bien !... *(Elle commence à examiner les lettres puis, s'apercevant qu'Irma est toujours là :)* Eh bien, ma quille ! Pourquoi serpez-vous là ? *(Geste de congédiement.)* Vous pouvez vidanger !

Deuxième extrait

Irma, *entrant. Bas à l'oreille de Madame et avec inquiétude.*
C'est Madame de Perleminouze, je fris bien (*elle insiste sur « Madame »)*, Madame de Perleminouze !

Madame, *un doigt sur les lèvres, fait signe à Irma de se taire, puis, à voix haute et joyeuse.*
Ah ! Quelle grappe ! Faites-là vite grossir !

Irma sort. Madame, en attendant la visiteuse, se met au piano et joue. Il en sort un tout petit air de boîte à musique.

Retour d'Irma, suivie de Madame de Perleminouze.

Irma, *annonçant.*
Madame la comtesse de Perleminouze !

Madame, *fermant le piano et allant au-devant de son amie.*
Chère, très chère peluche ! Depuis combien de trous, depuis combien de galets n'avais-je pas eu le mitron de vous sucrer !

Madame de Perleminouze, *très affectée.*
Hélas ! chère ! j'étais moi-même très, très vitreuse ! Mes trois plus jeunes tourteaux ont eu la citronnade, l'un après l'autre. Pendant tout le début du corsaire, je n'ai fait que nicher des moulins, courir chez le ludion ou chez le tabouret, j'ai passé des puits à surveiller leur carbure, à leur donner des pinces et des moussons. Bref, je n'ai pas eu une minette à moi.

Madame.
Pauvre chère ! Et moi qui ne me grattais de rien !
(Jean Tardieu, *Un mot pour un autre* © Gallimard, 1951)

Malgré une communication menacée, coupée aussi, on finit par deviner de quoi se nourrit la conversation de ces deux dames bourgeoises qui parlent enfants quand ce n'est chiffons. Les « trois jeunes tourteaux » par périphrase désignent ici les enfants, la « citronnade » fait référence à la jaunisse par catachrèse métonymique, la « carbure » évoque bien évidemment par la sonorité finale du mot la température des bambins, les « puits » sont par paronomase des nuits, la « minette », c'est la minute et le verbe « se gratter » signifie par métaphore interposée « se douter ».

La langue est un jeu : en avez-vous jamais douté ?

LES ÉCHANGES STICHOMYTHIQUES

Très souvent, le théâtre, représentation de la société, s'est prêté au rôle d'une tribune d'idées. Ainsi Molière a-t-il traité de bien des sujets brûlants de l'actualité sociale de son temps. Ce n'est pas pour rien que Voltaire le premier l'a surnommé « le législateur des bienséances du monde », lui qui a fustigé, tour à tour, différents corps de métiers (médecins, hommes de loi, hommes de religion) comme des classes sociales (aristocrates et petits bourgeois). Or, pour régler ses comptes, quoi de mieux que de transformer ses pièces en combats de boxe verbale ? Nombreuses sont les scènes de duel argumentatif dans ses pièces. Dans *Les Femmes savantes* au premier chef.

Les affrontements entre les personnages trouvent leur écriture dans des échanges qui font mouche, échanges dits « stichomythiques » (du grec *stichos*, vers, et *mythos*, parole). Il s'agit en fait de courtes répliques qui se répondent au coup par coup. À commencer par l'attaque *in medias res* de l'acte I scène I où deux sœurs, Armande et Henriette, opposant leurs vues sur le mariage, mènent un duel à fleurets mouchetés. De manière générale, tous les personnages s'opposent deux à deux dans cette pièce à thèse qui parle du savoir, du vrai savoir. Ce sont des femmes qui se piquent d'en avoir ou prétendent y accéder, mais tous ceux qui le représentent sont de bien tristes sires. Le « féminisme » de Molière fait plus que poser le problème : en rejetant un savoir qui ne serait qu'une négation de la réalité, un mensonge à soi-même, voire une source de folie venant perturber la cellule familiale, il énonce son avis.

C'est à la pointe d'une épée (parodique) que, pour les deux prétendus représentants de la Science que sont Vadius et Trissotin, tout se joue dans la conclusion de la scène III de l'acte III.

Vadius.
Ma plume t'apprendra quel homme je puis être.

Trissotin.
Et la mienne saura te faire voir ton maître.

Vadius.
Je te défie en vers, prose, grec et latin.

Trissotin.
Hé bien, nous nous verrons seul à seul chez Barbin !

Cette conclusion fait suite à un échange d'insultes musclé, interrompu par l'arrivée d'un troisième personnage (Philaminte) :

Trissotin.
Allez, petit grimaud, barbouilleur de papier.

Vadius.
Allez, rimeur de halle, opprobre du métier.

Trissotin.
Allez, fripier d'écrits, impudent plagiaire.

Vadius.
Allez, cuistre...

La même structure agonistique se retrouve à l'œuvre dans toute la pièce, comme si elle était devenue nécessaire à la bonne marche de l'action.

Entre Clitandre et Armande, la stichomythie se présente comme un jeu de reprises anaphoriques autour de questions rhétoriques, à l'acte IV, scène II :

Clitandre.
Appelez-vous, Madame, une infidélité [...]

Armande.
Appelez-vous, Monsieur, être à vos vœux contraire [...]

Et dans le seul et même vers 1213, « Pour moi par un malheur, je m'aperçois, Madame », Molière laisse aux deux extrémités, à l'opposé l'un de l'autre, les deux protagonistes. Par un jeu égal de nombre de syllabes en début et fin de vers (2-4-4-2), il met en parallèle deux mondes opposés que souligne davantage encore la figure du chiasme.

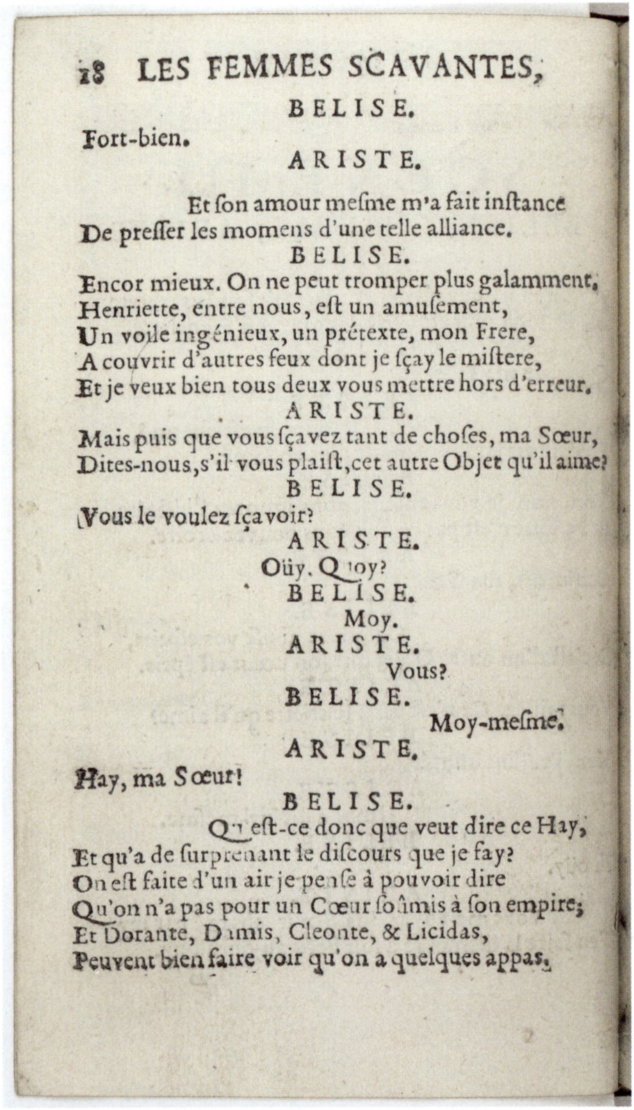

18 LES FEMMES SÇAVANTES,

BELISE.

Fort-bien.

ARISTE.

Et ſon amour meſme m'a fait inſtance
De preſſer les momens d'une telle alliance.

BELISE.

Encor mieux. On ne peut tromper plus galamment,
Henriette, entre nous, eſt un amuſement,
Un voile ingénieux, un prétexte, mon Frere,
A couvrir d'autres feux dont je ſçay le miſtere,
Et je veux bien tous deux vous mettre hors d'erreur.

ARISTE.

Mais puis que vous ſçavez tant de choſes, ma Sœur,
Dites-nous, s'il vous plaiſt, cet autre Objet qu'il aime?

BELISE.

Vous le voulez ſçavoir?

ARISTE.

Oüy. Quoy?

BELISE.

Moy.

ARISTE.

Vous?

BELISE.

Moy-meſme.

ARISTE.

Hay, ma Sœur!

BELISE.

Qu'eſt-ce donc que veut dire ce Hay,
Et qu'a de ſurprenant le diſcours que je fay?
On eſt faite d'un air je penſe à pouvoir dire
Qu'on n'a pas pour un Cœur ſoûmis à ſon empire;
Et Dorante, Damis, Cleonte, & Licidas,
Peuvent bien faire voir qu'on a quelques appas.

Répliques stichomythiques d'Ariste et Bélise, page des *Femmes savantes* de Molière, acte II, scène III, Paris, P. Promé, 1672. Paris, Bibliothèque nationale de France, RES-YF-4168, fol. 18.

Entre la sœur Bélise et son frère Ariste, à l'acte II, scène III de la même pièce, les répliques en deviennent presque monosyllabiques, donnant un caractère encore plus heurté à l'échange.

Bélise.
Vous le voulez savoir ?

Ariste.
Oui. Quoi ?

Bélise.
Moi.

Ariste.
Vous ?

Bélise.
Moi-même.

Ariste.
Hay, ma sœur !

Molière varie encore ses passes : à l'acte IV scène III, il présente les répliques entre Trissotin et Clitandre sous une double forme, négative/positive, avec des effets de reprises de termes systématiques, créant ainsi un écho prolongé.

Trissotin.
Pour moi, je ne vois pas ces exemples fameux.

Clitandre.
Moi, je les vois si bien qu'ils me crèvent les yeux.

Trissotin.
J'ai cru jusques ici que c'était l'ignorance
Qui faisait les grands sots, et non pas la science.

Clitandre.
Vous avez cru fort mal, et je vous suis garant
Qu'un sot savant est sot plus qu'un sot ignorant.

[...]

Trissotin.
La sottise dans l'un se fait voir toute pure.

Clitandre.
Et l'étude dans l'autre ajoute à la nature.

Trissotin.
Le savoir garde en soi son mérite éminent.

Clitandre.
Le savoir dans un fat devient impertinent.

Trissotin.
Il faut que l'ignorance ait pour vous de grands charmes,
Puisque pour elle ainsi vous prenez tant les armes.

Clitandre.
Si pour moi l'ignorance a des charmes bien grands,
C'est depuis qu'à mes yeux s'offrent certains savants.

Le rythme final des distiques, qui s'essoufflent au cœur du propos en vers uniques, donne une respiration saccadée à cet échange en accordéon.

Il n'y a rien de bien surprenant à ce qu'on retrouve encore à l'œuvre pareille passe d'armes entre les maîtres de musique et de danse et le maître d'armes du *Bourgeois gentilhomme* (acte II, scène II) :

Maître d'armes.
Vous êtes de plaisantes gens, de vouloir comparer vos sciences à la mienne !

Maître de musique.
Voyez un peu l'homme d'importance.

Maître à danser.
Voilà un plaisant animal, avec son plastron !

Maître d'armes.
Mon petit maître à danser, je vous ferais danser comme il faut. Et vous, mon petit musicien, je vous ferais chanter de la belle manière.

Maître à danser.
Monsieur le batteur de fer, je vous apprendrai votre métier.

Plus fort encore qu'à deux et trois, voici une application stichomythique à quatre voix, quand Cléonte, Lucile, Covielle et Nicole, à l'acte III, scène x, se renvoient la balle sans faire pour autant avancer la chose.

Lucile.
Sachez que ce matin...

Cléonte.
Non, vous dis-je.

Nicole.
Apprends que...

Covielle.
Non, traîtresse.

Lucile.
Écoutez.

Cléonte.
Point d'affaire.

Nicole.
Laisse-moi dire.

Covielle.
Je suis sourd.

Lucile.
Cléonte !

Cléonte.
Non.

Nicole.
Covielle !

Covielle.
Point.

Lucile.
Arrêtez.

Cléonte.
Chansons.

Nicole.
Entends-moi.

Covielle.
Bagatelle.

Lucile.
Un moment.

Cléonte.
Point du tout.

Nicole.
Un peu de patience.

Covielle.
Tarare !

Lucile.
Deux paroles.

Cléonte.
Non, c'en est fait.

Nicole.
Un mot.

Covielle.
Plus de commerce.

Lucile.
Hé bien ! Puisque vous ne voulez pas m'écouter, demeurez dans votre pensée, et faites ce qu'il vous plaira.

QUAND LE LANGAGE PARLÉ S'INVITE SUR LA SCÈNE THÉÂTRALE

Nul n'ignore l'effet produit par Louis-Ferdinand Céline au XXe siècle quand il introduit le langage parlé dans le roman français. C'est une révolution littéraire qui donne une touche de vérité et d'humanité à son *Voyage au bout de la nuit*. Dans le domaine théâtral, bien des auteurs avant lui avaient déjà fait cette tentative, dont Molière. En effet, à de nombreuses reprises, il introduit le vocabulaire paysan ou le patois dans ses pièces. Dans *Monsieur de Pourceaugnac,* à l'acte II scène VIII, il livre in extenso un dialogue en soi incompréhensible pour les néophytes que nous sommes entre Nérine, la Picarde, et Lucette, la Languedocienne, aux prises avec Monsieur de Pourceaugnac. C'est le choc de deux classes sociales, par langage interposé…

Dans *Les Fourberies de Scapin* (acte III scène III), on surprend le valet qui a caché son maître dans un sac à faire mine d'être aux prises avec des voleurs dont il imite le jargon populaire. Cela a pour effet de rendre crédible la duperie et cela permet aussi au valet d'insulter son maître en se cachant sous une autre identité. Car les insultes, quelle que soit la langue, se laissent toujours bien comprendre. Sans doute peut-on penser que cet usage assez libre d'un langage ordinaire vient en outre faire contrepoint aux discours des aristocrates et petits bourgeois, qui reflètent la langue de la Cour. C'est, d'une certaine façon, faire entrer le peuple par sa langue dans le texte. Serait-ce en souvenir de Shakespeare, qui lui aussi mélangea différents registres de langue pour en tirer des effets comiques ?

Molière, *Les Fourberies de Scapin*, acte III, scène II

Scapin.
Cachez-vous ; voici un spadassin qui vous cherche. *(En contrefaisant sa voix.)* Quoi ! Jé n'aurai pas l'abantage dé tuer cé Géronte ? et quelqu'un par charité né m'enseignera pas où il est ? *(À Géronte, avec sa voix ordinaire.)* Ne branlez pas. *(Reprenant son ton contrefait.)* Cadédis, jé lé trouberai, sé cachât-il au centre

dé la Terre. *(À Géronte, avec son ton naturel.)* Ne vous montrez pas. *(Tout le langage gascon est supposé de celui qu'il contrefait, et le reste de lui.)* Oh, l'homme au sac ! Monsieur. Jé té vaille un louis, et m'enseigne où put être Géronte. Vous cherchez le seigneur Géronte ? Oui, mordi ! jé lé cherche. Et pour quelle affaire, Monsieur ? Pour quelle affaire ? Oui. Jé beux, cadédis, lé faire mourir sous les coups dé vaton. Oh ! Monsieur, les coups de bâton ne se donnent point à des gens comme lui, et ce n'est pas un homme à être traité de la sorte. Qui ? cé fat dé Geronte, cé maraut, cé velître ? Le seigneur Géronte, Monsieur, n'est ni fat, ni maraud, ni belître, et vous devriez, s'il vous plaît, parler d'autre façon. Comment, tu mé traites à moi, avec cette hautur ? Je défends, comme je dois, un homme d'honneur qu'on offense. Est-ce que tu es des amis dé cé Geronte ? Oui, Monsieur, j'en suis. Ah ! cadédis, tu es de ses amis, à la vonne hure. *(Il donne plusieurs coups de bâton sur le sac.)* Tien. Boilà cé qué jé té vaille pour lui. Ah, ah, ah ! Ah, Monsieur ! Ah, ah, Monsieur, tout beau. Ah, doucement, ah, ah, ah ! Va, porte-lui cela dé ma part. Adiusias. Ah ! diable soit le Gascon ! Ah ! *(en se plaignant et remuant le dos, comme s'il avait reçu les coups de bâton.)*

Molière consacre aussi tout l'acte II de sa pièce de *Don Juan* au monde paysan, et fait parler Pierrot et Charlotte de manière colorée. N'oublions pas non plus, pour finir en apothéose, le latin macaronique du grand ballet bouffon de la fin du *Malade imaginaire*, dont nous avons déjà parlé brièvement, et qui se clot sur cette strophe :

Chorus.
Vivat, vivat, vivat, vivat, cent fois vivat,
Novus doctor, qui tam bene parlat !
Mille, mille annis, et manget et bibat,
Et seignet et tuat !

NATHALIE SARRAUTE OU LA LANGUE MISE À NU

Dans l'Antiquité, la dimension agonistique (du grec *agôn*, « le combat ») permettait au dramaturge de confronter son héros ou son héroïne à des forces supérieures ou instances d'autorité, tels les dieux ou les rois. On se rappelle l'affrontement qui oppose Œdipe au devin Tirésias, tout comme Antigone au roi Créon chez Sophocle. La pièce moderne de Pascal Rambert, intitulée *Clôture de l'amour*, met aux prises deux personnages, l'homme et la femme d'un couple. Par monologues interposés d'une extrême violence, ils vont mettre un terme à leur histoire d'amour.

Au théâtre, il y a toujours un personnage qui parle et un autre qui arrive et n'est pas d'accord avec lui. C'est l'essence même du théâtre ! Chacune des pièces de Jean-Paul Sartre est ainsi prétexte à un virulent échange entre les protagonistes, qu'il s'agisse des *Mouches* ou, surtout, de *Huis clos* en 1944, où il représente trois personnages pris dans une nasse d'où ils ne pourront s'échapper et laisse à méditer cette formule qui n'a pas sa pareille : « L'Enfer, c'est les autres ! »

Dans sa pièce *Pour un oui ou pour un non*, Nathalie Sarraute (1900-1999) présente deux personnages, H.1 et H.2, qui, suivant un jeu de questions-réponses, répètent souvent le même mot d'une réplique à l'autre. Le début de la pièce est une attaque *in medias res*. Aucun cadre spatio-temporel, très peu de didascalies, contrairement aux usages du nouveau théâtre, deux personnages tout à fait atypiques, car tellement peu définis par quelques traits particuliers, hormis qu'ils sont complètement opposés : l'un est émotif et l'autre rationnel. Entre eux, va s'instaurer un rapport de forces par le biais des mots. Ils se livrent à une dispute, une joute sur le RIEN : un petit quelque chose… ou le vide total. Le champ lexical de la parole est ici omniprésent pour mettre à jour le non-dit, le caché. On retrouve à l'œuvre la théorie du tropisme de Nathalie Sarraute, qui se complaît à analyser l'implicite. Il faut être fort pour parler de rien... avec des riens !

H.1.
Écoute, je voulais te demander... C'est un peu pour ça que je suis venu... je voudrais savoir... que s'est-il passé ? Qu'est-ce que tu as contre moi ?

H.2.
Mais rien... Pourquoi ?

H.1.
Oh, je ne sais pas... Il me semble que tu t'éloignes... tu ne fais plus jamais signe... il faut toujours que ce soit moi...

[...]

H.1.
Alors ?

H.2, *hausse les épaules*.
... Alors... que veux-tu que je te dise !

H.1.
Si, dis-moi... je te connais trop bien : il y a quelque chose de changé... Tu étais toujours à une certaine distance... de tout le monde, du reste... mais maintenant avec moi... encore l'autre jour, au téléphone... tu étais à l'autre bout du monde... ça me fait de la peine, tu sais...

H.2, *dans un élan*.
Mais moi aussi, figure-toi...

H.1.
Ah tu vois, j'ai donc raison...

H.2.
Que veux-tu... je t'aime tout autant, tu sais... ne crois pas ça... mais c'est plus fort que moi...

H.1.
Qu'est-ce qui est plus fort ? Pourquoi ne veux-tu pas le dire ? Il y a donc eu quelque chose…

H.2.
Non… vraiment rien… Rien qu'on puisse dire…

H.1.
Essaie quand même…

H.2.
Oh non… je ne veux pas…

H.1.
Pourquoi ? Dis-moi pourquoi ?

H.2.
Non, ne me force pas…

H.1.
C'est donc si terrible ?

H.2.
Non, pas terrible… ce n'est pas ça…

H.1.
Mais qu'est-ce que c'est, alors ?

H.2.
C'est… c'est plutôt que ce n'est rien… ce qui s'appelle rien… ce qu'on appelle ainsi… en parler seulement, évoquer ça… ça peut vous entraîner… de quoi on aurait l'air ? Personne, du reste… personne ne l'ose… on n'en entend jamais parler…

H.1.
Eh bien, je te demande au nom de tout ce que tu prétends que j'ai été pour toi… au nom de ta mère… de nos parents… je t'adjure solennellement, tu ne peux plus reculer… Qu'est-ce qu'il y a eu ? Dis-le… tu me dois ça…

H.2, *piteusement.*
Je te dis : ce n'est rien qu'on puisse dire... rien dont il soit permis de parler...

H.1.
Allons, vas-y...

H.2.
Eh bien, c'est juste des mots...

H.1.
Des mots ? Entre nous ? Ne me dis pas qu'on a eu des mots... ce n'est pas possible... et je m'en serais souvenu...

H.2.
Non, pas des mots comme ça... d'autres mots... pas ceux dont on dit qu'on les a « eus »... Des mots qu'on n'a pas « eus », justement... On ne sait pas comment ils vous viennent...

H.1.
Lesquels ? Quels mots ? Tu me fais languir... tu me taquines...

H.2.
Mais non, je ne te taquine pas... Mais si je te les dis...

H.1.
Alors ? Qu'est-ce qui se passera ? Tu me dis que ce n'est rien...

H.2.
Mais justement, ce n'est rien... Et c'est à cause de ce rien...

H.1.
Ah on y arrive... C'est à cause de ce rien que tu t'es éloigné ? Que tu as voulu rompre avec moi ?

H.2, soupire.
Oui... c'est à cause de ça... Tu ne comprendras jamais... Personne, du reste, ne pourra comprendre...

H.1.
Essaie toujours... Je ne suis pas si obtus...

H.2.
Oh si... pour ça, tu l'es. Vous l'êtes tous, du reste.

H.1.
Alors, chiche... on verra...

H.2.
Eh bien... tu m'as dit il y a quelque temps... tu m'as dit... quand je me suis vanté de je ne sais plus quoi... de je ne sais plus quel succès... oui... dérisoire... quand je t'en ai parlé... tu m'as dit : « C'est bien... ça... »

H.1.
Répète-le, je t'en prie... j'ai dû mal entendre.

H.2, *prenant courage*.
Tu m'as dit : « C'est bien... ça... » Juste avec ce suspens... cet accent...

H.1.
Ce n'est pas vrai. Ça ne peut pas être ça... ce n'est pas possible...

H.2.
Tu vois, je te l'avais bien dit... à quoi bon ?...

H.1.
Non mais vraiment, ce n'est pas une plaisanterie ? Tu parles sérieusement ?

H.2.
Oui. Très. Très sérieusement.

H.1.
Écoute, dis-moi si je rêve... si je me trompe... Tu m'aurais fait part d'une réussite... quelle réussite d'ailleurs...

H.2.
Oh peu importe... une réussite quelconque...

H.1.
Et alors je t'aurais dit : « C'est bien, ça ? »

H.2, *soupire*.

Pas tout à fait ainsi… il y avait entre « C'est bien » et « ça » un intervalle plus grand : « C'est biiien… ça… » Un accent mis sur « bien »… un étirement : « biiien… » et un suspens avant que « ça » arrive… ce n'est pas sans importance.

(Nathalie Sarraute, *Pour un oui ou pour un non* © Gallimard, 1982)

MOLIÈRE ET IONESCO : DEUX LEÇONS DE MOTS

Amoureux des mots, bonjour ! Même les spécialistes peinent à s'accorder sur une unique définition de ce terme, *mot*. Qu'est-ce qu'un mot ? Des lettres, des sons ? Voyelles ou consonnes, faites votre choix.

Dans *Le Bourgeois gentilhomme*, on assiste à la leçon de Monsieur Jourdain, à qui un professeur tente non sans mal de donner les rudiments de la langue, son ABCD pour apprendre l'orthographe, en lui faisant ouvrir plus ou moins grand la bouche pour découvrir les différences d'aperture entre les sons. Molière pose ainsi, le premier en matière d'écriture, les vrais enjeux du signifiant, portant sur les voyelles et les consonnes.

Molière, *Le Bourgeois gentilhomme*, acte II, scène IV

Monsieur Jourdain.
Apprenez-moi l'orthographe.

Maître de philosophie.
Très volontiers.

Monsieur Jourdain.
Après, vous m'apprendrez l'almanach, pour savoir quand il y a de la lune, et quand il n'y en a point.

Maître de philosophie.
Soit. Pour bien suivre votre pensée, et traiter cette matière en philosophe, il faut commencer, selon l'ordre des choses, par une exacte connaissance de la nature des lettres, et de la différente manière de les prononcer toutes. Et là-dessus j'ai à vous dire, que les lettres sont divisées en voyelles, ainsi dites voyelles, parce qu'elles expriment les voix ; et en consonnes, ainsi appelées consonnes, parce qu'elles sonnent avec les voyelles, et ne font que marquer les diverses articulations des voix. Il y a cinq voyelles ou voix : A, E, I, O, U.

Monsieur Jourdain.
J'entends tout cela.

Maître de philosophie.
La voix A se forme en ouvrant fort la bouche : A.

Monsieur Jourdain.
A, A. Oui.

Maître de philosophie.
La voix E se forme en rapprochant la mâchoire d'en bas de celle d'en haut : A, E.

Monsieur Jourdain.
A, E; A, E. Ma foi, oui. Ah! Que cela est beau!

Maître de philosophie.
Et la voix I, en rapprochant encore davantage les mâchoires l'une de l'autre, et écartant les deux coins de la bouche vers les oreilles : A, E, I.

Monsieur Jourdain.
A, E, I, I, I, I. Cela est vrai. Vive la science!

Maître de philosophie.
La voix O se forme en rouvrant les mâchoires, et rapprochant les lèvres par les deux coins, le haut et le bas : O.

Monsieur Jourdain.
O, O. Il n'y a rien de plus juste. A, E, I, O, I, O. Cela et admirable. I, O, I, O.

Maître de philosophie.
L'ouverture de la bouche fait justement comme un petit rond qui représente un O.

Monsieur Jourdain.
O, O, O. Vous avez raison. O. Ah! la belle chose, que de savoir quelque chose!

Maître de philosophie.
La voix U se forme en se rapprochant les dents sans les joindre entièrement, et allongeant les deux lèvres en dehors, les approchant aussi l'une de l'autre, sans les rejoindre tout à fait : U.

Monsieur Jourdain.
U, U. Il n'y a rien de plus véritable : U.

Maître de philosophie.
Vos deux lèvres s'allongent comme si vous faisiez la moue : d'où vient que, si vous la voulez faire à quelqu'un et vous moquer de lui, vous ne sauriez lui dire que : U.

Monsieur Jourdain.
U, U. Cela est vrai. Ah ! Que n'ai-je étudié plus tôt pour savoir tout cela !

Si vous vous entraînez à prononcer ces voyelles devant un miroir, vous verrez que la prononciation du *u* vous fait bel et bien une bouche en cul-de-poule. Mais rassurez-vous, le ridicule ne tue point, sauf Monsieur Jourdain qui fait ici les frais de sa candide ignorance.

C'est à un apprentissage comparable, mais bien plus féroce, qu'Eugène Ionesco nous invite dans sa magistrale pièce *La Leçon* (1951), « drame comique » sur les rapports entre un (vieux) professeur et sa jeune élève. L'acquisition de la langue y devient un pur supplice, voire l'objet de sévices dont l'issue est fatale.

Ionesco, *La Leçon* (© Gallimard, 1994)

Le Professeur.
Toute langue, Mademoiselle, sachez-le, souvenez-vous-en jusqu'à l'heure de votre mort...

L'Élève.
Oh ! oui, Monsieur, jusqu'à l'heure de ma mort... Oui, Monsieur...

Le Professeur.
... et ceci est encore un principe fondamental, toute langue n'est en somme qu'un langage, ce qui implique nécessairement qu'elle se compose de sons, ou...

L'Élève.
Phonèmes...

Le Professeur.
J'allais vous le dire. N'étalez donc pas votre savoir. Écoutez, plutôt.

L'Élève.
Bien, Monsieur. Oui, Monsieur.

Le Professeur.
Les sons, Mademoiselle, doivent être saisis au vol par les ailes pour qu'ils ne tombent pas dans les oreilles des sourds. Par conséquent, lorsque vous vous décidez d'articuler, il est recommandé, dans la mesure du possible, de lever très haut le cou et le menton, de vous élever sur la pointe des pieds, tenez, ainsi, vous voyez...

L'Élève.
Oui, Monsieur.

Le Professeur.
Taisez-vous. Restez assise, n'interrompez pas... Et d'émettre les sons très haut et de toute la force de vos poumons associée à celle de vos cordes vocales. Comme ceci : regardez : « Papillon », « Eurêka », « Trafalgar », « papi, papa ». De cette façon, les sons remplis d'un air chaud plus léger que l'air environnant voltigeront, voltigeront sans plus risquer de tomber dans les oreilles des sourds qui sont les véritables gouffres, les tombeaux des sonorités. Si vous émettez plusieurs sons à une vitesse accélérée, ceux-ci s'agripperont les uns aux autres automatiquement, constituant ainsi des syllabes, des mots, à la rigueur des phrases, c'est-à-dire des groupements plus ou moins importants, des assemblages purement irrationnels de sons, dénués de tout sens, mais justement pour cela capables de se maintenir sans danger à une altitude élevée dans les airs. Seuls, tombent les mots chargés de signification, alourdis par leur sens, qui finissent toujours par succomber, s'écrouler...

L'Élève.
... dans les oreilles des sourds.

Le Professeur.
C'est ça, mais n'interrompez pas... et dans la pire confusion... Ou par crever comme des ballons. Ainsi donc, Mademoiselle... *(L'élève a soudain l'air de souffrir.)* Qu'avez-vous donc ?

L'Élève.
J'ai mal aux dents, Monsieur.

Le Professeur.
Ça n'a pas d'importance. Nous n'allons pas nous arrêter pour si peu de chose. Continuons...

L'Élève *(qui aura l'air de souffrir de plus en plus)*.
Oui, Monsieur.

Le Professeur.
J'attire au passage votre attention sur les consonnes qui changent de nature en liaisons. Les *f* deviennent en ce cas des *v*, les *d* des *t*, les *g* des *k* et vice versa, comme dans les exemples que je vous signale : « trois heures, les enfants, le coq au vin, l'âge nouveau, voici la nuit ».

L'Élève.
J'ai mal aux dents.

Le Professeur.
Continuons.

VALÈRE NOVARINA ET LA CRÉATION D'UNE AUTRE LANGUE

Valère Novarina (né en 1947), théoricien et dramaturge, fait de l'acteur un objet de désir vers qui tout drame doit tendre. Ses personnages sont des amoureux du langage dont ils font leur proie. À tel point que chez lui, le monologue devient souvent envahissant.

Dans sa *Lettre aux acteurs* (1989), à qui ils donnent un rôle prépondérant vis-à-vis du metteur en scène, il se plaît à répéter que le théâtre se fait avec le corps, les pieds, les dents, le ventre… « Faudra un jour qu'un acteur livre son corps vivant à la médecine, qu'on ouvre, qu'on sache enfin ce qui se passe dedans, quand ça joue. » Du reste, dans *L'Atelier volant*, les seuls protagonistes qui ont un nom s'appellent Boucot et Bouche. « Tout a été contaminé par Bouche dès ce moment et c'est devenu une maladie : Bouche, Bec, Bouc, Bucco (trou italien). Boucot-Bucal, les lèvres, les dents. Paroles méchamment consonnées, dégluties. Boucot, grand avaleur de texte, grand mangeur de mots, grand ogre. Mâcher, mordre, les consonnes méchantes. » Belle illustration de l'approche phatique du théâtre propre à Valère Novarina.

Dans cette pièce où s'opposent deux classes sociales, les patrons et leurs employés, signalés par de simples initiales interchangeables, tout n'est qu'affaire de langue, ou plus exactement de maîtrise de la langue. Boucot le contremaître et Madame Bouche utilisent un sabir technique et une langue managériale, une langue de pouvoir, à laquelle les ouvriers dont le discours est souvent inintelligible n'entendent rien.

De longues tirades en franglais servent aux dominants à noyer le poisson face aux revendications des dominés du système. Leur langue de bois s'oppose à une novlangue bien plus créative. Une langue inconnue, qui crée une parole suractive et subversive à la fois. En effet, l'auteur refuse un *logos* (discours) qui se contenterait de reproduire l'ordre du monde. C'est à coups de recherche de mots, « Vos oreilles oreillisent quoi ? », de formules comme « L'oreille fait la sourde ? Tirez-la », de déconstructions de phrases que s'impose la langue novarinienne.

Novarina, *L'Atelier volant* (© P.O.L, 2010)

Premier extrait

2e jour, III.
C.
Oui, oui, à la fin maintenant, nous voudrions savoir qu'est-ce que la langue et où va-t-elle ? D'où vient la langue et où elle va ? La langue, est-ce celle-là qui me *sort* du trou ou celle-là qui *me* sort du trou ? Est-ce celle-là qui *me* sort du trou ou est-ce celle-là qui me *sort* du trou ? Elle ne veut pas que je me taise. Monsieur Boucot, s'il vous plaît à la fin, que me veut ma langue-là qui me fourche ?

Boucot.
Elle veut vous tromper.

C.
Au secours, ma langue veut me parler !

Boucot.
Parler ? Hé, les fous, vous ne pouvez pas parler, vous ne savez pas la langue !

D.
Et celle que nous avons dans la bouche, peut-être ? N'est-ce pas une langue cet engin que nous tenons dedans ?

Deuxième extrait

1er jour, II.
Madame Bouche.
Du calme, Boucot ! « Ne battez pas le loup, mettez-le à l'école. »

Boucot.
Qu'est-ce que ça veut dire ?

Madame Bouche.
Qu'il faut les tenir.

Boucot.
Comment ?

Madame Bouche.
Par la langue. Tu dois prendre la parole.

Boucot, *aux employés, avec un porte-voix.*
Communication : ce soir, vingt heures, grande séance d'explication ! On va moucher les esprits !

Troisième extrait

2e jour, III.
C.
[…] Nosse vodrions assi qu'on stoppe de nous acheter la peau et de nosse fare briquer des objes pour nous filer des clous qu'on nous redonne pour nous filer des objes. Compranez Mossieur Bouque, nosse vie, al'part dans tout ça, al fiou l'quio, al fiu l'quio.

Boucot.
Rien compris, désolé ! Vous avez un défaut de prononciation ?

C.
Pas ça, Bouc… J'sais dire, mais j'ai pas tellement de vocabulaire.

Boucot.
On peut vous aider. Quels sont les termes qui vous manquent ?

C.
Eh bien, quand c'est pour ainsi dire ma peau que je vous vends, ça s'appelle comment ?

Boucot.
Recruting.

C.
Recruting, bon. Et quand je redonne mon argent pour essayer de me récupérer les objets que j'ai fabriqués ?

Boucot.
Marketing.

C.
Et quand tu nous fais augmenter le rythme ?

Boucot.
Vitaliting !

C.
Et quand tu nous déposes ici et là, alors que moi je voulais aller là et ici ?

Boucot.
Holding, planning.

C.
Et si je tombe, à force ?

Boucot.
Jumping !

C.
Et quand tu te remplis les poches ?

Boucot.
Prospériting.

C.
Et quand les miennes se vident ?

Boucot.
Conjoncturing, concurrencing, impondérability !... Allez-y maintenant que vous savez la langue !

C.
Une seconde, Monsieur Boucot.

Boucot.
Qu'est-ce qui ne va pas ?

C.
C'est mon parling. Je ne comprends plus rien à rien. Qu'est-ce que ça voulait dire déjà ? Ça voulait dire qui ? Monsieur Bouque, est-ce qu'on peut prendre votre vocabulaire sans vos opinions ?

Boucot.
Bien sûr ! Si vous n'êtes pas d'accord, vous n'avez qu'à parler à l'envers ou dire n'importe quoi ! Que vouliez-vous dire tout à l'heure ?

C.
C'était sur mon dos. Je voulais dire que c'est toujours pour moi marketing, recruting-jumping, vitaliting et impondérability ; tandis que vous, c'est automatiquement prospériting. Je n'arrive pas à m'enlever ça de la tête. Vous voyez ce que je veux dire ?

Boucot.
Pas du tout. Vous n'êtes pas clair. Vous enfilez les termes sans les assimiler. Et puis, ce que vous dites est complètement faux [...]

Résultat des courses : C finit presque par se laisser convaincre qu'il doit être content de son sort. De semblable manière, par le pouvoir de son seul verbe, Don Juan, débiteur, avait réussi à évincer son créancier Monsieur Dimanche à l'acte IV, scène III de la pièce du même nom. Comme quoi, le langage est tout sauf innocent... et la novlangue de Valère Novarina aussi. Rien de plus normal pour la création de ce partisan d'un « théâtre pour les oreilles » !

BIBLIOGRAPHIE

Alain Badiou et Nicolas Truong, *Éloge du théâtre*, Paris, Flammarion, 2013.

Georges Banu, *Miniatures théoriques. Repères pour un paysage théâtral*, Arles, Actes Sud, 2009.

Georges Banu, *Amour et désamour du théâtre*, Arles, Actes Sud, 2013.

Christophe Barbier, *Dictionnaire amoureux du théâtre*, Paris, Plon, 2015.

Christian Biet et Christophe Triau, *Qu'est-ce que le théâtre ?*, Paris, Folio, 2006.

Michel Corvin, *Dictionnaire encyclopédique du théâtre à travers le monde*, Paris, Bordas, 2008.

André Degaine et Jean Dasté, *Histoire du théâtre dessiné : de la préhistoire à nos jours, tous les temps et tous les pays*, Paris, Nizet, 2006.

Luc Fritsch, *Le Grand Livre du théâtre*, Paris, Eyrolles, 2014.

Patrice Pavis, *Dictionnaire du théâtre*, Paris, Armand Colin, 2002.

Agnès Pierron, *Dictionnaire de la langue du théâtre*, Paris, Éditions Le Robert, 2002.

Joël Pommerat, *Théâtres en présence*, Arles, Actes Sud, 2016.

Marie-Dominique Porée, *Le Théâtre pour les nuls*, Paris, First, 2014.

Krystian Lupa, *Utopia. Lettres aux acteurs*, traduit du polonais par Éric Veaux et Agnieszka Zgied, Arles, Actes Sud, 2016.

Et tous les auteurs dans le texte.

Et les metteurs en scène, dans la collection qui leur est consacrée chez Actes Sud !

TABLE DES MATIÈRES

Théâtre, vous avez dit théâtre ? .... **p. 3**

Corneille et les stances du *Cid* .... **p. 6**

Quand la langue cherche à « faire style » .... **p. 10**

Quand le théâtre se mêle de nous donner un cours de grammaire .... **p. 13**

Le comique de mots moliéresque .... **p. 19**

L'alexandrin, vers théâtral, s'il en est .... **p. 30**

La langue, un outil à double sens .... **p. 35**

De l'art de monologuer .... **p. 39**

Victor Hugo, père du drame romantique .... **p. 44**

Courteline ou l'art des liaisons... pas toujours dangereuses .... **p. 48**

Edmond Rostand et le nez de Cyrano .... **p. 55**

Eugène Ionesco et sa *Cantatrice chauve* .... **p. 57**

Samuel Beckett ou quand un clochard rencontre un autre clochard .... **p. 59**

Jean Tardieu où l'art d'employer un mot pour un autre .... **p. 63**

Les échanges stichomythiques .... **p. 66**

Quand le langage parlé s'invite sur la scène théâtrale .... **p. 73**

Nathalie Sarraute ou la langue mise à nu .... **p. 75**

Molière et Ionesco : deux leçons de mots .... **p. 81**

Valère Novarina et la création d'une autre langue .... **p. 87**

Bibliographie .... **p. 93**

Crédits iconographiques

Le comique de mots moliéresque
Page 27 © Archives Charmet/Bridgeman Images

La langue, un outil à double sens
Page 37 © Rue des Archives/PVDE

Victor Hugo, père du drame romantique
Page 45 © Archives Charmet/Bridgeman Images

Les échanges stichomythiques
Page 68 © Bibliothèque nationale de France

Les dessins pages 9 et 83 sont l'œuvre de Thomas Tessier.

Conception graphique des couvertures : ADKEYS
Illustration de la première de couverture : Laurence de Sancy

ISBN : 9782351841822
Achevé d'imprimer en Italie par Grafica Veneta
Dépôt légal : août 2017